2. AUFLAGE

jQuery
kurz & gut

Andreas Vdovkin

O'REILLY®
Beijing · Cambridge · Farnham · Köln · Sebastopol · Tokyo

Kommentare und Fragen können Sie gerne an uns richten:
O'Reilly Verlag
Balthasarstr. 81
50670 Köln
E-Mail: kommentar@oreilly.de

Copyright der deutschen Ausgabe:
© 2011 by O'Reilly Verlag GmbH & Co. KG
1. Auflage 2009
2. Auflage 2011

Bibliografische Information Der Deutschen Nationalbibliothek
Die Deutsche Nationalbibliothek verzeichnet diese Publikation in der Deutschen Nationalbibliografie; detaillierte bibliografische Daten sind im Internet über *http://dnb.d-nb.de* abrufbar.

Lektorat: Volker Bombien, Köln
Korrektorat: Eike Nitz, Köln
Satz: G&U Language & Publishing Services GmbH, Flensburg
Umschlaggestaltung: Ellie Volckhausen, Boston & Michael Oreal, Köln
Produktion: Andrea Miß, Köln
Druck: fgb freiburger graphische betriebe; www.fgb.de

ISBN 978-3-89721-577-1

Dieses Buch ist auf 100% chlorfrei gebleichtem Papier gedruckt.

Inhalt

Einführung

jQuery ist eine der beliebtesten JavaScript-Bibliotheken. Die Besonderheiten von jQuery sind seine leichte Erlernbarkeit und die besonders schlanke Syntax, mit der man bereits mit vergleichsweise wenigen Zeilen JavaScript sehenswerte Ergebnisse erreicht.

Entsprechend lautet auch das Motto von jQuery: *write less, do more.*

Aufbau des Buchs

In diesem Buch werden die verschiedenen Aspekte der Bibliothek beleuchtet: Nach einem Überblick über die für jQuery notwendigen JavaScript-Kenntnisse und nützliche Werkzeuge für die Entwicklung mit jQuery folgt zunächst Kapitel 3, *Suchen*, in dem gezeigt wird, wie man mit jQuery DOM-Elemente im Dokument auswählt. Anschließend wird in Kapitel 4, *Ändern*, gezeigt, wie man die verschiedenen Aspekte von DOM-Elementen bearbeiten und zum Beispiel Elemente verschieben oder ihr Aussehen verändern kann.

In Kapitel 6, *Events*, wird das Event-Handling von jQuery besprochen und gezeigt, wie man sowohl Events auslösen als auch eigene Events erzeugen kann. Wie man Elemente animiert, wird in Kapitel 7, *Animationen*, beschrieben. Die Möglichkeit, Ajax-Anfragen auszuführen, wird in Kapitel 8, *Ajax*, erklärt. Kapitel 9, *Hilfsmittel*, enthält Beschreibungen verschiedener Hilfsfunktionen, mit denen jQuery früher schmerzlich vermisste Funktionen ergänzt. Das letzte

Kapitel, *Plugins*, beleuchtet die Möglichkeiten, den Funktionsumfang von jQuery zu erweitern, und stellt einige besonders beliebte Erweiterungen vor.

Das Buch bezieht sich auf jQuery in der Version 1.4.4.

Konventionen

In diesem Buch werden die folgenden typographischen Konventionen verwendet.

Kursiv
> Zeigt im Text Hervorhebungen, neue Begriffe, Funktionsnamen und Variablennamen an.

`Nichtproportionalschrift`
> Wird für Optionen, Werte, Codefragmente und direkt einzugebenden Text verwendet.

`Nichtproportionalschrift kursiv`
> Wird bei Text verwendet, der durch Benutzereingaben zu ersetzen ist, und für Kommentare in Codebeispielen.

`Nichtproportionalschrift fett`
> Wird in Codebeispielen verwendet, um besondere Schlüsselwörter hervorzuheben.

KAPITEL 1

JavaScript

JavaScript-Grundlagen

In diesem Kapitel werden die JavaScript-Grundlagen erläutert, die für die Arbeit mit jQuery notwendig sind. Dieses Kapitel ist keine JavaScript-Referenz, sondern stellt nur die wichtigsten Aspekte von JavaScript vor. Für alles darüber Hinausgehende empfehle ich die Bücher *JavaScript – kurz und gut* und *JavaScript – Das umfassende Referenzwerk*, die beide von David Flanagan geschrieben und im O'Reilly Verlag veröffentlicht wurden.

Einfache Datentypen

Boolean

Der Datentyp *Boolean* ist ein logischer Datentyp und kann nur die Werte true oder false annehmen.

Man kann einen anderen Datentyp in einen *Boolean*-Wert umwandeln, indem man diesem zwei Ausrufezeichen voranstellt, was einer doppelten Negation entspricht. Dabei wird die Zahl 0 in false umgewandelt, und jeder andere Wert in true. Ein Objekt wird immer in true umgewandelt, es sei denn, es ist nicht definiert oder verweist auf *null*.

Number

Number bezeichnet jede Zahl, ganz unabhängig davon, ob sie ganzzahlig (*integer*) ist oder nicht. Die Methode *typeof* liefert als

Rückgabewert number, wenn dieser Methode eine Zahl als Parameter übergeben wird. Die zu diesem Datentyp gehörige Klasse ist *Number*.

```
var x = 1;
alert(typeof(x)); // gibt number aus
// Zugriff auf Methoden der Klasse Number
var nString = (17.349).toFixed(2); // = "17.35"
```

String

Der Datentyp *string* bezeichnet eine Zeichenkette. Zeichenketten werden unter Verwendung der 16-Bit-Unicode-Zeichenkodierung gespeichert. Die zu diesem Datentyp gehörige Klasse heißt *String*. Eine leere Zeichenkette wird in den *Boolean*-Wert false umgewandelt, eine Zeichenkette mit einem oder mehr Zeichen wird zu true. Strings werden in JavaScript entweder von einfachen oder von doppelten Anführungszeichen maskiert.

```
"Andreas' Buch";
'Andreas\' Buch';
```

Im zweiten String wird eine *Escape-Sequenz* benutzt. Das ist die Kombination aus dem Zeichen \ und einem weiteren Zeichen, dessen Bedeutung durch das \ verändert wird.

Die wichtigsten Escape-Sequenzen sind:

Sequenz	Bedeutung
\n	Zeilenumbruch (newline)
\r	Wagenrücklauf (carriage return)
\t	Tabulator
\\	einzelner Backslash
\'	Das Zeichen ', wenn es in einer mit einfachen Anführungszeichen maskierten Zeichenkette benutzt wird.
\"	Das Zeichen ", wenn es in einer mit doppelten Anführungszeichen maskierten Zeichenkette benutzt wird.

Komplexe Datentypen

Object

Der Datentyp *Object* ist der einfachste komplexe Datentyp. Ein Objekt kann beliebig viele Eigenschaften enthalten. Häufig werden sie auch *Hash* genannt, weil sie als ungeordnete Liste von Eigenschaften mit jeweils einem Namen und einem Wert genutzt werden können. Dabei spielt der Datentyp des Werts keine Rolle: Es kann sich auch um einen Verweis auf ein weiteres Objekt oder eine Funktion handeln.

Man kann Objekte entweder durch Aufruf des *Objektkonstruktors* oder aber durch das *Objektliteral* erzeugen.

```javascript
var obj = new Object(); // Erzeugung durch new-Operator
var obj = {}; // Objektliteralsyntax
var obj = { // Objektliteralsyntax, Verwendung als Hash
    foo: 'bar',
    hello: 'Hallo',
    world: 'Welt'
};
```

Auf die Werte eines Objekts kann man entweder durch die Punktsyntax oder durch die Array-Syntax zugreifen.

```javascript
alert(obj.hello + " " + obj.world); // Punktsyntax
alert(obj["hello"] + " " + obj["world"]);
// Array-Syntax
```

Array

Ein *Array* ist ein komplexer Datentyp, der Werte in einer geordneten Folge enthält. Das bedeutet, dass jeder Wert in einem *Array* eine eindeutige Nummer hat, über die man darauf zugreifen kann.

```javascript
// Array wird mit Array-Literal erzeugt.
var words = ["Hallo", "Welt", "jQuery", "ist", "toll"];
// Array wird mit Array-Funktion erzeugt.
var nums = new Array(17,42); //== [17, 42]
// Zugriff mit Array-Syntax
alert(words[0] + " " + words[1]);
alert(words.join(" ")); //=" Hallo Welt jQuery ist toll"
```

Function

Der Datentyp *Function* bezeichnet Code, der einmal definiert wird und immer wieder aufgerufen werden kann. Funktionen werden mit der *Funktionsliteralsyntax* beschrieben. Eine Funktion kann einen festen Namen bekommen oder aber anonym sein.

```
var anonFn = function(){
    // Das ist eine anonyme Funktion, die der
    // Variable anonFn zugewiesen ist.
};
notAnonFn(){
    // Das ist eine nicht anonyme Funktion
    // mit dem Namen notAnonFn.
};
```

Eine Funktion kann Parameter haben, allerdings wird in JavaScript keine Fehlermeldung erzeugt, wenn man nicht genug oder zu viele Parameter für den Aufruf angibt. Neben den Namen, die man in der Funktionsliteralsyntax angibt, kann man auf die übergebenen Parameter über das Array arguments zugreifen.

Neben dem direkten Ausführen einer Funktion ist es auch möglich, die Methoden *call* und *apply* zum Ausführen zu benutzen. Der erste Parameter beider Funktionen gibt den Kontext der Ausführung an. Die jQuery-Bibliothek nutzt das, um innerhalb von *Callback*-Funktionen der Variable this DOM-Elemente zuzuordnen.

```
meineFunktion(foo) {
    alert(foo);
};

var meineFn = function() {
    alert(arguments[0] + " " + arguments[1]);
});
meineFunktion("Hallo", "Welt");
// "Hallo" wird ausgegeben.

meineFn("Hallo", "Welt!");
// "Hallo", "Welt!" wird ausgegeben.
```

Eine Funktion ist automatisch auch eine Klasse, die erzeugt wird, wenn man sie mit dem Schlüsselwort *new* aufruft. Eigenschaften und Methoden einer Klasse, die dem Objekt this zugewiesen werden, sind nach außen hin sichtbar; Werte, die dem Objekt this nicht zugewiesen werden, sind dagegen nicht sichtbar.

```
function neueKlasse(){
    var hiddenVar = "Hello World";
    this.sichtVar = "Hallo Welt";

    var unsichtbar = function(){
        return hiddenVar;
    };
    this.mach = function(){
        alert(unsichtbar());
    };
};

var obj = new neueKlasse();

// Zugriff auf sichtbare Variable sichtVar
alert(obj.sichtVar); // "Hallo Welt"

// Zugriff auf nicht sichtbare Variable hiddenVar nicht
// möglich!
alert(obj.hiddenVar); // undefined

// Sichtbare Methoden können innerhalb des Objekts
// auf unsichtbare Methoden und Variablen zugreifen.
alert(obj.mach()); // "Hello World"
```

Callback-Funktionen

Callback-Funktionen sind ganz gewöhnliche Funktionen, die allerdings nicht direkt aufgerufen werden, sondern anderen Funktionen und Methoden als Parameter übergeben werden, damit diese die Callback-Funktionen aufrufen können, wenn ein bestimmter Fall eintritt.

Programmiertechniken

Ausführungskontext von Funktionen

Eine der Besonderheiten von jQuery ist, dass es den Ausführungskontext von Methoden setzt, damit man auf Elemente über das Schlüsselwort *this* zugreifen kann.

Neben der im Abschnitt JavaScript-Grundlagen unter Function beschriebenen Möglichkeit, mit den Methoden *call* und *apply* von Funktionen den Kontext zu setzen, kann man auch *Closures* benutzen, um den Wert einer global gesetzten Eigenschaft temporär zu überschreiben.

Im Prinzip ist eine Closure nichts weiter als eine anonyme Funktion, die als Parameter einen oder mehrere Variablennamen benutzt, der oder die im globalen Kontext bereits reserviert ist oder sind.

```
$ = "Hallo Welt";
(function($){
    // $ wird temporär mit jQuery überschrieben.
    $(function(){
        alert($);        // Gibt "function(a, c){...}" aus.
    });
})(jQuery);
alert($);                // Gibt "Hallo Welt" aus.
```

Method Chaining – Verkettung von Funktionsaufrufen

Der Rückgabewert der meisten Methoden von jQuery ist das jQuery-Objekt, in dessen Kontext die Methode aufgerufen wurde. Dadurch ist es möglich, an den Aufruf einer Methode den Aufruf einer weiteren Methode direkt mit anzuhängen (siehe Kapitel 2, *jQuery-Grundlagen*).

```
// Rückgabewert: jQuery-Objekt mit Sammlung
// von DOM-Elementen
jQuery("#jQuery")
    .addClass("isToll") // erster Aufruf
    .css("border", "solid 4px red"); // zweiter Aufruf
```

Unobtrusive JavaScript – unaufdringliches JavaScript

Die Idee des *unaufdringlichen JavaScript* besteht darin, dass man auf die Benutzung von JavaScript in Links und auf *Event-Handler* in HTML-Elementen verzichtet. Die Prüfung eines Formulars kann immer noch durch das Registrieren eines *Event-Handlers* nach dem DOM-Level-2-Konzept durchgeführt werden. Das geschieht in einem JavaScript-Block und ermöglicht damit, dass Webseiten generell so entwickelt werden können, dass man sie sowohl mit als auch ohne JavaScript benutzen kann.

Auf die Benutzung von JavaScript innerhalb von HTML sollte verzichtet werden. Beide nachfolgenden Beispiele setzen JavaScript zwingend voraus.

```html
<form action="javascript:validateForm();">

<form action="#" onSubmit="validateForm();">
```

Besser ist es aber, die eigentliche Funktionalität so zu halten, dass sie den Betrieb der Seite ohne JavaScript ermöglicht.

```html
<form id="formular" action="form.php" method="post">

<script type="text/javascript">
(function($){
    $(function(){
        $("#formular").submit(function(evt) {
            if (!validateForm())
                evt.preventDefault();
        });
    });
})(jQuery);
```

Das obige Beispiel hat im ersten Teil eine Formulardeklaration, die im Fall von deaktiviertem JavaScript das Formular korrekt verschickt. Im zweiten Abschnitt wird auf das Abschicken des Formulars ein Event-Handler registriert, der das Formular prüft und gegebenenfalls das Absenden verhindert.

Dokumentenmodell

Das *Dokumentenmodell* des World Wide Web Consortium (W3C), des Gremiums zur Standardisierung der Techniken, die das World Wide Web betreffen, beschreibt die Elemente eines HTML-Dokuments als Baum und bietet eine standardisierte *API* für den Zugriff auf die Elemente des Dokuments und die Arbeit mit ihnen. Die API beschreibt dabei, welche Typen von Elementen es geben kann, welche Eigenschaften sie haben und mit welchen Methoden man auf sie zugreifen kann.

Eine ausführliche Beschreibung des W3C-Dokumentenmodells finden Sie in *JavaScript – Das umfassende Referenzwerk* von David Flanagan.

Für die Nutzung von jQuery ist hier vor allem die Betrachtung des Dokuments als Baum wichtig. Im Folgenden sehen Sie ein Codebeispiel für einen Teil eines HTML-Dokuments sowie die dazu passende Baumansicht.

```
<div id="page">
    <div id="head"><h1>Seite</h1></div>
    <div id="menu">
        <ul>
            <li><a href="seite1.html">Link 1</a></li>
            <li><a href="seite2.html">Link 2</a></li>
        </ul>
    </div>
    <div id="content">
        <p>Lorem ipsum!</p>
    </div>
</div>
```

Die in Kapitel 9, *Hilfsmittel*, näher vorgestellte Erweiterung namens *Firebug* für den Webbrowser Firefox nutzt Einrückungen, um die Baumstruktur nachzuahmen. Um das Verständnis für die Struktur des Dokuments zu verbessern, kann man in Firebug die Maus über eins der Elemente unterhalb von <body> ziehen. Firebug hebt dann automatisch das Element sowie dessen Kindelemente hervor.

Dieses Codebeispiel sieht als Dokumentbaum folgendermaßen aus:

jQuery nutzt *CSS-Selektoren*, die die Beziehungen zwischen den Elementen im Baum zurückverfolgen. So wird der Selektor #page div alle *div*-Elemente finden, die als Vorfahren ein Element mit der *id* page haben. #page > div dagegen wird nur diejenigen *div*-Elemente liefern, die das Element mit der *id* page als Elternelement haben.

Generell werden folgende Beziehungen für Selektoren genutzt:

*Vorfahre **Nachkommen***
> Dieser Selektor liefert die Nachkommen.
> Beispiel: ul li
> ul ist der Typ des Vorfahren, li der des Nachkommen.

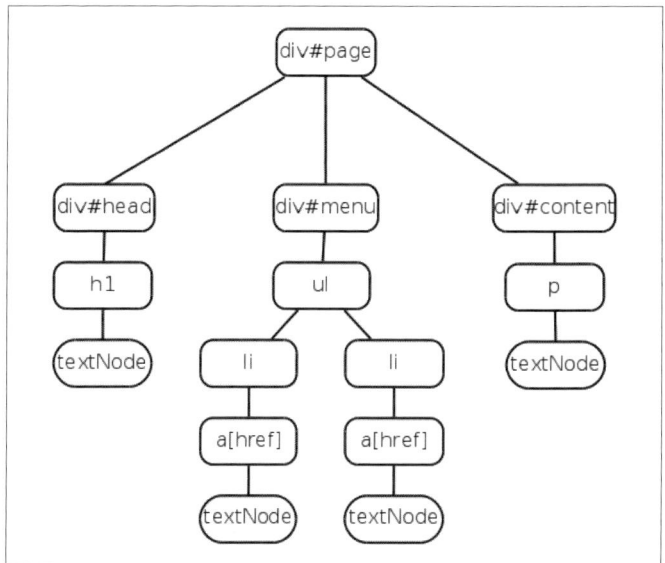

Abbildung 1-1: Der Dokumentenbaum aus dem Codebeispiel

Eltern **Kind**

Dieser Selektor liefert die Kindelemente.

Beispiel: div > **p**

div ist das Elternelement, p das Kindelement.

Geschwister

Dieser Selektor liefert das rechte Geschwisterelement.

Beispiel: ul ~ **div**

ul ist das linke Geschwisterelement, div das rechte.

Direkte Geschwister

Dieser Selektor liefert das rechte Geschwisterelement, nur wenn es direkt neben dem linken Geschwisterelement liegt.

Beispiel: ul + **div**

ul ist das linke Geschwisterelement, div das rechte.

In der Liste sind die Elementtypen, die die Suche zurückgibt, fett markiert.

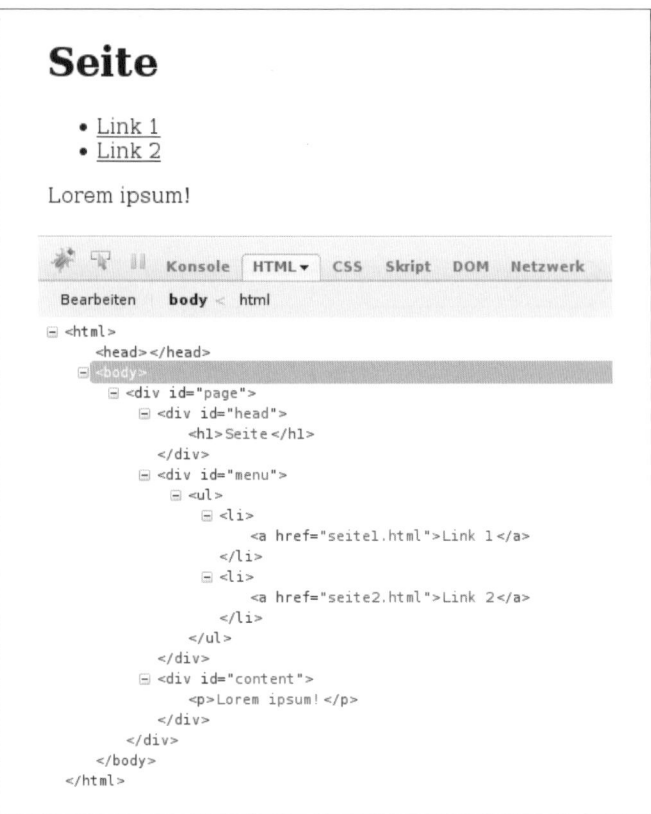

Abbildung 1-2: Beispiel für einen DOM-Baum, angezeigt in Mozilla Firefox mit Firebug

jQuery-Grundlagen

In diesem Kapitel werden Sie erfahren, wie Sie jQuery in eine Webseite einbinden können. Außerdem werden Sie erfahren, worauf Sie bei der Benutzung von jQuery achten müssen und welche Werkzeuge Ihnen bei der Entwicklung helfen können.

jQuery einbinden

Die Entwickler des jQuery-Frameworks bieten jQuery in zwei Varianten an:

- eine gepackte Variante namens *Production*
- eine ungepackte und dokumentierte Variante namens *Development*
- Zum Entwickeln ist die Variante *Development* vorzuziehen, da damit der Einsatz von Debuggern wie Firebug deutlich erleichtert wird. Die gepackte Variante ist um alle unbenötigten Leerzeichen, Zeilenumbrüche und Kommentare bereinigt und somit besonders kompakt.

Klassisches Einbinden der Bibliothek

- Die gewünschten Dateien werden von *http://www.jquery.com/* heruntergeladen, in das gewünschte Zielverzeichnis im *Webroot* (dem obersten Verzeichnis der Webseite) kopiert und mit

```
<script type="text/javascript" src="pfad/zu/jquery.js"></
script>
```

eingebunden.

Nutzung eines Content Delivery Network

Ein *Content Delivery Network* (CDN) ist eine besondere Art des Webhosting, bei der statische Daten auf einem externen Serververbund liegen, der diese besonders schnell ausliefert. Genutzt werden CDNs für Bilder, Stylesheets und JavaScript. Die jQuery-Bibliothek wird zur Zeit auf den CDNs von zwei Unternehmen gehostet, Google und Microsoft. Beide Unternehmen erlauben explizit die Nutzung ihrer CDNs für fremde Projekte.

Google CDN

Für viele weit verbreitete JavaScript-Frameworks bietet Google ein CDN an, über das man unter anderem jQuery auf der eigenen Webseite einbinden kann.

Zur Einbindung kann man dabei die API *Google JS* verwenden oder direkt auf die Dateien verweisen.

Beispiel: Die Google Ajax API lädt die aktuellste jQuery-Version des 1.3er-Zweigs.

```
<script src="http://www.google.com/jsapi"></script>
<script>
    google.load("jquery", "1.3");
</script>
```

Im nachfolgenden Beispiel wird die jQuery-Bibliothek durch direkte Verlinkung der entsprechenden JavaScript-Datei in Google CDN eingebunden.

```
<script type="text/javascript"
src="http://ajax.googleapis.com/ajax/libs/jquery/1.3/
    jquery.min.js">
</script>
```

Der Zugriff auf jQuery über die Google Ajax-API ermöglicht es, mögliche künftige Versionen von jQuery automatisch einzubinden, indem man nur grob die Versionsnummer angibt. Bei der Verwendung von google.load(»jquery«,»1«) wird immer die aktuellste jQuery-Version geladen, deren erste Zahl in der Versionsnummer

»1« ist. Entsprechend wird, wenn man »1.3« als Versionsnummer angibt, immer die aktuellste Version aus dem 1.3er-Zweig geladen.

Mehr Informationen zur Benutzung des Google Ajax-CDN finden Sie unter *http://bit.ly/y3RmG*.

Microsoft CDN

Microsoft unterstützt die jQuery-Bibliothek in seinen Produkten und bietet seit September 2009 die entsprechenden Bibliotheken in einem eigenen CDN an. Neben der jQuery-Bibliothek werden auch *jQuery UI* und das *Validation Plugin* gehostet.

Mehr zum Microsoft CDN finden Sie unter *http://www.asp.net/ajax/cdn/*.

Mehr zu *jQuery UI* und dem *Validation Plugin* finden Sie in Kapitel 10, *Plugins*.

Nützliche Werkzeuge

Ausgesprochen hilfreich für die Entwicklung mit jQuery ist die Kombination aus dem Firefox-Plugin *Firebug* und der Erweiterung *FireQuery*.

Firebug

Firebug bietet die Möglichkeit, den Dokumentenbaum live zu betrachten und zu bearbeiten. Weiterhin kann man direkt auf Objekte im globalen Namensraum der Seite zugreifen. Außerdem bietet es eine *console API*, ähnlich wie die Web Developer Toolbar von Microsoft für den Internet Explorer. Damit kann man seinen Code direkt testen, ohne die Aufrufe für die Tests in eine Datei schreiben zu müssen, und erhält dazu unmittelbares Feedback.

Der Screenshot zeigt die Verwendung von jQuery in der Firebug-Konsole.

Firebug finden Sie unter *http://www.getfirebug.com*.

Abbildung 2-1: *Firebug*

FireQuery – Firebug-Erweiterungen für jQuery

Zu den zahlreichen Funktionen für Firebug, die FireQuery mitbringt, zählt unter anderem eine zum Darstellen von Ergebnissen des jQuery-Selektors als Liste mit Links zu den entsprechenden HTML-Elementen, die angezeigt wird, wenn man einen der Links anklickt. Weiterhin kann man mit FireQuery die jQuery-Bibliothek durch Klick auf den Button *jQuerify* in jede Seite laden.

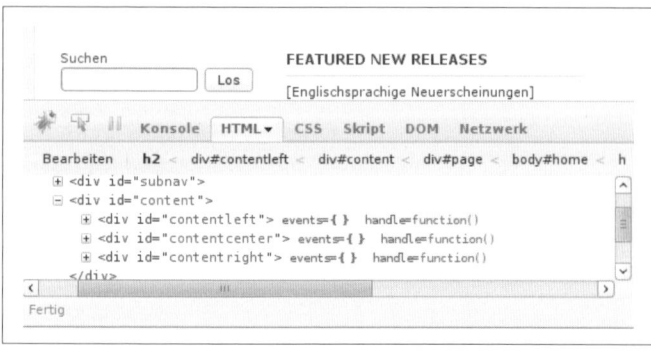

Abbildung 2-2: *FireQuery*

Im Screenshot wird ein weiteres wichtiges Feature gezeigt: Events und Event-Handler, die mit jQuery auf HTML-Elementen registriert werden, werden direkt visualisiert.

FireQuery benötigt Firebug und ist unter *http://firequery.binaryage. com* erhältlich.

Kompatibilität mit anderen Bibliotheken

jQuery reserviert bei der Instanziierung im globalen Namensraum genau zwei Variablen: $ und jQuery. Beide verweisen auf das jQuery-Objekt. Wird jQuery *vor* einer anderen Bibliothek eingebunden, muss nichts weiter getan werden: Man kann das jQuery-Objekt über jQuery weiterhin ansprechen, und $ wird von der anderen Bibliothek neu zugewiesen. Wird jQuery *nach* der anderen Bibliothek geladen, sorgt der folgende Code dafür, dass die Variable $ nicht von jQuery benutzt wird.

Beispiel: jQuery wird zum einen angewiesen, auf die Variable $ zu verzichten, und zum anderen der Variable $j zugewiesen.

```
<script type="text/javascript">
    var $j = jQuery.noConflict();
</script>
```

Method Chaining

Das Motto von jQuery ist »schreib weniger, mach mehr« – ein Hinweis darauf, dass bei jQuery mit weniger Programmcode mehr erreicht werden kann, und zwar unter anderem durch die Verwendung von *Method Chaining*. Bei dieser auf Deutsch als *Methodenverkettung* bezeichneten Programmiertechnik gibt jede Methode einer Klasse, die keinen konkreten Rückgabewert hat, das aufgerufene Objekt zurück, so dass man direkt einen weiteren Funktionsaufruf anhängen kann.

Beispiel: Ein Element mit der ID *ziel* soll erst aus- und dann wieder eingeblendet werden.

```
$("#ziel").fadeOut().fadeIn();
```

Bei jQuery wird dieses Prinzip konsequent verfolgt, weshalb das Suchen eines Elements und mehrere Manipulationen in einem einzigen Aufruf untergebracht werden können:

```
1:   $(document).ready(function(){
2:     $("a").css("display","block")
3:         .css("border","solid 2px red")
4:         .click(function (event) {
5:             $(this).slideUp("slow")
6:                 .slideDown("slow");
7:             event.preventDefault();
8:     }).prepend("<span>Klick: </span>");
9:   });
```

Beispiel: Alle Links (<a>) werden zu Blockelementen (2), bekommen einen roten Rahmen (3), werden animiert (5, 6) wenn Sie angeklickt werden (4) und öffnen den Link nicht (7). Zusätzlich wird der Text »Klick:« vor jeden Link eingefügt (8). Der gesamte Aufruf wird in einem sogenannten *Event-Handler* für das *ready-Event* ausgeführt; Näheres zu Events finden Sie in Kapitel 6.

Dieses Beispiel verdeutlicht die Funktionsweise von Method Chaining: Der Aufruf der Methode css bedarf keines Rückgabewerts, weshalb an dieser Stelle das jQuery-Objekt zurückgegeben wird.

Die jQuery-Funktion

jQuery(selector, *context*): Selektor ausführen

Am häufigsten wird die jQuery-Funktion aufgerufen, um Elemente für die weitere Bearbeitung auszuwählen. Elemente werden ausgewählt, indem die *Sizzle Selector Engine* eine Suche mit dem Selektor durchführt, der der jQuery-Funktion übergeben wurde. Die Funktionsweise der Selector Engine wird in Kapitel 3, *Suchen*, beschrieben.

Der Selektor ist eine Zeichenkette, die verschiedene Regeln zur Auswahl von Elementen enthält, mit denen gearbeitet werden soll.

Optional kann der jQuery-Funktion für die Suche auch ein *Kontext* übergeben werden, der beispielsweise eine Selektor-Zeichenkette oder das Ergebnis einer früheren Suche sein kann.

```
// Suche nach allen
// div-Elementen
$("div");
// Sucht das Element mit der ID content.
$("#content");
// Sucht nach allen div-Elementen unterhalb von #content.
$("div", "#content");
// dieselbe Suche, aber schneller ;)
$("#content").find("div");
// dieselbe Suche
$("div", $("#content"));
```

Wird die jQuery-Methode ohne Parameter aufgerufen, ist der Rückgabewert ein leere Sammlung, die man z. B. um einzelne Elemente erweitern kann.

jQuery(html, *document*): Elemente erstellen

Wird der jQuery-Funktion als erster Parameter eine Zeichenkette übergeben, die HTML-Tags enthält, erzeugt jQuery daraus gültige DOM-Elemente.

```
// Erzeugt ein Element p und fügt es dem Dokument hinzu.
$("<p>Absatz</p>").appendTo(document.body);
```

Der zweite Parameter gibt an, welches Dokument als Besitzer des Elements eingetragen wird, und ist optional. Dieser Parameter ist z. B. besonders sinnvoll, wenn Elemente in ein *Iframe* eingefügt werden sollen.

jQuery(html, *properties*): Elemente erstellen

Sollen viele Elemente mit den gleichen Attributen erzeugt werden, kann man bei der Erstellung des Elements als zweiten Parameter ein Objekt mit den Eigenschaften des Elements übergeben. Dieses Objekt enthält dann bereits alle Klassennamen,

```
// Erzeugt ein Element p mit den Klassen jquery und rocks
// und fügt es dem Dokument hinzu.
var props = {"class": "jquery rocks", "text": "neues Element"};

var elem = $("<p>", props).appendTo(document.body);
```

Der Name des Werts im Objekt *properties* bestimmt über dessen Verwendung: Ist es der Name eines Events, wird als Wert eine Callback-Funktion erwartet. Namen, die keine weitere Bedeutung haben, werden mit der Methode *attr* gesetzt, die Namen *data*, *val*, *css*, *html*, *width*, *height*, *offset* und *class* führen zum Aufruf der entsprechenden Setter- bzw. Add-Methode.

Bei der Erstellung von Input-Elementen ist zu beachten, dass das Attribut *type* bei Ausführung im Internet Explorer nicht nachträglich geändert und daher nicht mit dem Objekt *properties* gesetzt werden kann.

jQuery(domElements): DOM-Elemente mit jQuery-Funktionalität erweitern

Wird der jQuery-Funktion ein Set von DOM-Elementen übergeben, ist der Rückgabewert das jQuery-Objekt mit den Elementen als Kontext. Der Rückgabewert entspricht einer Auswahl derselben Elemente durch einen Selektor.

```
// Übergeben von DOM-Elementen
// an die jQuery-Funktion
$(documents.getElementsByTagName("div"));
// Entspricht einer Suche der Elemente mit jQuery.
$("div");
```

jQuery(function): Abkürzung für das DOM-Event Ready

Wird der jQuery-Funktion eine *Callback-Funktion* als Parameter übergeben, wird diese Funktion als *Event-Handler* für das DOM-Event Ready registriert. Details zu diesem Thema finden Sie in Kapitel 6, *Events*.

Die nachfolgenden Aufrufe sind identisch.

```
$(function(){
    alert("Dokument geladen!");
});
```

```
$(document).ready(function(){
   alert("Dokument geladen!");
});
```

Zugriff auf die Elemente des Selektors

Für den Zugriff auf die Elemente, die der Selektor findet, gibt es eine Reihe von Methoden, die im Folgenden beschrieben werden.

each(callback): Callback auf alle Elemente ausführen

Die Methode *each* führt die übergebene Callback-Funktion für jedes Element der aktuellen Auswahl aus. Die Callback-Funktion bekommt das Element dabei als Kontext zugewiesen, man kann darauf also über die Variable *this* innerhalb der Funktion zugreifen.

Zusätzlich bekommt die Callback-Funktion einen Parameter übergeben, der dem numerischen Index des Elements in der aktuellen Auswahl entspricht.

Das nachfolgende Beispiel färbt den Text jedes zweiten Absatzes (p-Element) grün.

```
$("p").each(function(i){
   if (i % 2 == 0) {
      $(this).css("color", "green");
   }
});
```

size(): Anzahl der Elemente in der aktuellen Auswahl

Die Methode *size()* liefert die Anzahl der Elemente in der aktuellen Auswahl. Sie liefert denselben Wert wie das Attribut length, ist aber ein wenig langsamer, weshalb length vorzuziehen ist.

```
alert($("div").size() + " div Elemente auf der Seite
      vorhanden!");
```

length: Anzahl der Elemente in der aktuellen Auswahl

Das Attribut length liefert die Anzahl der Elemente in der aktuellen Auswahl.

```
alert($("div").length + " div Elemente gefunden!");
```

selector: der aktuell verwendete Selektor

Das Attribut selector liefert die Selektor-Zeichenkette, mit der die Elemente der aktuellen Auswahl gefunden wurden.

```
$("div").eq(0).each(function(){
    alert($(this).selector
        + " ist der aktuelle Selektor");
});
```

context: Kontext der aktuellen Auswahl

Das Attribut context enthält das Objekt oder die Sammlung von Objekten, die den Kontext der aktuellen Auswahl darstellen.

eq(index): Auswahl auf ein Element reduzieren

Die Methode *eq(index)* reduziert die aktuelle Auswahl von Elementen auf das Element, dessen Index der übergebenen Nummer entspricht.

```
// Finde alle div-Elemente, aber behalte nur das erste.
$("div").eq(0);
```

get(): auf die DOM-Elemente zugreifen

Die Methode *get()* liefert eine Liste mit allen DOM-Elementen der aktuellen Auswahl. Das kann nützlich sein, wenn man direkt mit den Elementen arbeiten möchte.

get(index): einzelnes Element wiedergeben

Wird der Methode *get(index)* ein numerischer Index übergeben, gibt die Methode das Element aus der aktuellen Auswahl zurück, das den übergebenen Index hat.

```
$("p").get(4); // liefert das p Element.
```

index(element): Position eines Elements in der Auswahl feststellen

Die Methode *index(element)* liefert den numerischen Index des übergebenen Elements in der aktuellen Auswahl.

Das nachfolgende Beispiel fügt an jedes Element einen Text mit dem Hinweis darüber an, das wievielte Element im Selektor es ist.

```
$("div").each(function(){
    var i = $("div").index(this);
    $(this).append(" Element #" + i);
});
```

index(*selector*): Position des Elements

Wird der Methode *index(index)* ein Selektor übergeben, ist die Rückgabe der Methode die numerische Position des ersten Elements der aktuellen Auswahl relativ zur Position des Elements in den durch *selector* gefundenen Elementen. Werden keine Elemente gefunden, oder aber das Element ist in der durch *selector* angegebenen Auswahl nicht vorhanden, ist die Rückgabe -1.

```
$("#myElem").index("div"); // liefert die Position
von #myElem in $("div").
```

Wird der optionale Selektor weggelassen, wird die Position des ersten Elements der aktuellen Auswahl relativ zu seinen Geschwisterelementen zurückgegeben.

Speicherfunktionen

jQuery ermöglicht es, Daten an ein DOM-Element zu binden. Dies geschieht mit der Methode *data*.

data(*name*): Variable *name* auslesen

Wird data nur ein Parameter übergeben, liefert es den entsprechenden Datensatz, falls einer existiert. Wird kein entsprechender Datensatz gefunden, wird undefined zurückgegeben. Der übergebene Parameter *name* muss eine Zeichenkette sein.

```
$("div").click(function() {
    alert($(this).data("Wert");
});
```

data(): Auf alle Variablen zugreifen

Wird data ohne Parameter aufgerufen, liefert es alle zum aktuellen Kontext gespeicherten Datensätze in Form eines Objekts. Wenn keine Daten hinterlegt sind, wird ein leeres Objekt zurückgegeben.

```
var data = $("div").data();
if (data.hasOwnProperty("hello")) {
    alert(data.hello);
}
```

data(name, value): einer Variable einen Wert zuweisen

Wird der Methode *data* zusätzlich zum Namen der Variablen ein Wert im zweiten Parameter übergeben, speichert jQuery den übergebenen Wert mit dem Parameter *name* als Index. Ein eventuell vorhandener Wert mit diesem Index wird dabei überschrieben.

```
$("div").click(function(){
    if ($(this).data("lastAccess")) {
        alert("Bereits angeklickt!");
    } else {
        $(this).data("lastAccess", (new Date).getTime());
    }
});
```

data(map): mehrere Datensätze speichern

Möchte man mehrere Datensätze speichern, kann man statt mehrerer einzelner Aufrufe auch einen einzigen Aufruf mit einem Objekt als Parameter durchführen. Der Wert jedes Name/Wert-Paars wird dabei unter dem entsprechenden Namen abgespeichert.

```
$("div").data({
    "hallo": "Welt",
    "hello": "World"
});
```

removeData(name): Datensatz entfernen

Die Methode *removeData* entfernt den Datensatz mit dem Index, der als erster Parameter übergeben wird.

```
$("div").click(function(){
    if ($(this).data("lastAccess")) {
```

```
        alert("Bereits angeklickt!");
        $(this).removeData("lastAccess");
    } else {
        $(this).data("lastAccess", (new Date).getTime());
    }
});
```

Queues: Warteschlangen für Methoden

jQuery umfasst eine Warteschlangenverwaltung. Warteschlangen sind *FIFO*-Konstrukte (»First In, First Out«), also wird das Element, das zuerst hereinkommt, auch zuerst entfernt. Das ist z. B. notwendig, um sequenziell Animationen durchführen zu können. Die Warteschlagen werden dabei mit den Methoden *queue* und *dequeue* verwaltet. Zusätzlich besteht mit der Methode *clearQueue* die Möglichkeit, in einer Warteschlange alle noch nicht ausgeführten Funktionen zu löschen.

queue(*name*): Funktionen der Queue *name*

Wird die Methode *queue* ohne eine Funktion oder eine Liste von Funktionen aufgerufen, liefert sie die Liste der in der Warteschlange registrierten Funktionen. Wird eine Zeichenkette als optionaler Parameter übergeben, liefert die Methode die Warteschlange mit dem entsprechenden Namen.

```
alert($("div").queue("fx").length + " Animationen in
    der Warteschlange");
```

queue(*name*, fn): Funktion zur Warteschlange hinzufügen

Wird der Methode *queue* eine Funktion als Parameter zusätzlich zum optionalen Namen der Warteschlange übergeben, wird diese Funktion als Callback-Funktion zur entsprechenden Warteschlange hinzugefügt.

Die Callback-Funktion sollte einen Aufruf der Methode *dequeue* am Ende der Funktion haben, damit diese aus der Warteschlange entfernt wird und die nächste Methode aufgerufen werden kann.

Im nachfolgenden Beispiel wird ein Element eingeblendet, das die Klasse notYetSpoiled bekommen soll, sobald es komplett sichtbar ist.

```
$("#spoiler").fadeIn(1500)
   .queue(function(){
      $(this).addClass("notYetSpoiled");
      $(this).dequeue();
   });
```

queue(*name*, queue): Warteschlange ersetzen

Wird der Methode *queue* ein Array mit Funktionen übergeben, ersetzt die Methode alle registrierten Callback-Funktionen der Warteschlange durch die Callback-Funktionen des übergebenen Array. Die Funktionen des Array müssen dabei genau die Syntax und die Eigenschaften haben, als wären sie einzeln hinzugefügt worden.

Nach dem Ersetzen der Warteschlange ist ein Aufruf der Methode *dequeue* notwendig, damit die Warteschlange wieder gestartet wird.

```
var cbq = function(){
   var num = $(this).data("queuecall") || 0;
        num++              ;
   $(this).data("queuecall", num);
   alert("Meldung #" + num);
   $(this).dequeue();
};
$("div").queue([cbq, cbq, cbq]).dequeue();
```

dequeue(*name*): älteste Methode ausführen und entfernen

Die Methode *dequeue* führt die älteste Methode in der aktuellen Warteschlange aus und entfernt diese anschließend.

Siehe dazu auch das Beispiel der Methode *queue(name, queue)*.

clearQueue(*name*): Warteschlange leeren

Der Aufruf der Methode *clearQueue* löscht in der Warteschlange *name* alle noch nicht ausgeführten Funktionen; wird kein Parameter übergeben, wird *fx* als Name der Warteschlange angenommen. Das kann man nutzen, um die Ausführung einer Animationskette frühzeitig abzubrechen.

KAPITEL 3

Suchen

In Kapitel 2, *jQuery-Grundlagen*, wurde die *Selector Engine* erwähnt, deren Gebrauch in diesem Kapitel ausführlich erläutert wird. Die Selector Engine von jQuery ermöglicht einen einfachen und schnellen Zugriff auf HTML-Elemente durch die Verwendung von *CSS-Selektoren*.

jQuery vereinfacht also den Zugriff auf HTML-Elemente erheblich, da für die Arbeit mit ihnen der Zugriff gebündelt und vereinfacht wird. Die Selector Engine ermöglicht durch einfache Zeichenketten das Suchen von Elementen nach Klassenzugehörigkeit, Tag-Namen, Attributen usw.

In diesem Kapitel werden die verschiedenen Möglichkeiten beschrieben, Elemente zu finden. Die gefundenen Elemente lassen sich weiter bearbeiten, manipulieren, löschen oder kopieren; das wird in Kapitel 4, *Ändern*, erläutert.

Selector Engine

jQuery benutzt *Sizzle*, eine *CSS Selector Engine*. Diese Bezeichnung ist darauf zurückzuführen, dass die Syntax stark an CSS-Selektoren erinnert. Sizzle ist sehr mächtig und unterstützt von sich aus alle Selektoren nach dem CSS-3-Standard. Zusätzlich zur Einhaltung des CSS-3-Standards kennt Sizzle noch verschiedene Filter, die sich auf den Inhalt, auf Attribute oder auch auf die Position des gesuchten Elements beziehen. Darüber hinaus gibt es Abkürzungen für Formulare und Header und den Logikoperator *not*.

Selektoren einsetzen

Das Suchen von Elementen ist eine grundlegende Funktionalität von jQuery, die auch so verpackt wurde, dass man sie ohne viel Aufwand benutzen kann. Der Aufruf für die Suche von Elementen sieht so aus:

```
$(Suchkriterium [, Suchbereich]);
```

Das Suchkriterium ist notwendig, während der Suchbereich optional ist und sowohl zum Einschränken des Suchbereichs als auch zur Suche auf XML-Bäumen dienen kann.

Das Suchkriterium ist eine einfache Zeichenkette, während der Suchbereich ein Objekt ist, das zum Beispiel durch eine vorhergehende Suche bereits festgelegt ist. Wird als Suchbereich eine Zeichenkette angegeben, wird vor der eigentlichen Suche zunächst aus der Zeichenkette ein Suchbereich erstellt und anschließend darauf die Suche ausgeführt.

Beispiel: In der ersten Zeile wird der Suchbereich festgelegt, indem er auf den Teilbaum ab dem Element mit der ID *content* gesetzt wird. In der zweiten Zeile werden alle Links mit der Klasse *newWindow* innerhalb des in der ersten Zeile festgelegten Suchbereichs gesucht.

```
var Suchbereich = $("#content");
var Ergebnis = $("a.newWindow", Suchbereich);
```

Statt den Kontext zu benutzen, kann man auch die Methode *find* verwenden, die den Selektor als Kontext nutzt und in dessen Elementen sucht.

```
var Suchergebnis = Suchbereich.find("a.newWindow");
```

Die Angabe des Suchbereichs ist optional, kann aber, wenn man die Suchergebnisse zwischenspeichert, zur Beschleunigung von Suchvorgängen dienen.

Beispiel: Verwendung einer Zeichenkette als Suchbereich.

```
var Ergebnis = $("a.newWindow","#content");
```

Auch hier kann die Methode *find* benutzt werden:

```
var Ergebnis = $("#content").find("a.newWindow");
```

CSS-Selektoren

HTML-Tags als Suchkriterium

```
$("p");
```

Dieser Aufruf liefert alle HTML-Elemente vom Typ p. Als HTML-Tag wird dabei jede Zeichenkette verstanden, die nicht mit einem Punkt oder Doppelpunkt anfängt oder die mit einer öffnenden Klammer endet.

Sollen verschiedene Tags auf einen Rutsch gefunden werden, können diese als kommaseparierte Liste angegeben werden.

```
$("div,p");
```

Dieser Aufruf liefert alle HTML-Elemente der Typen div und p.

Element-ID als Suchkriterium

Der Wert des Attributs *id* eines HTML-Elements darf pro Dokument genau einmal vorkommen. Das macht den Inhalt dieses Attributs zu einem sehr guten Selektor sowohl für CSS als auch für jQuery. Im Suchkriterium wird die ID genau wie in CSS mit dem Zeichen # markiert und ist eine alphanumerische Kette.

```
$("div#content");
$("#content");
```

Der erste Aufruf sucht nach einem div-Element mit der ID *content*. Der zweite Aufruf sucht in allen Elementen nach der ID *content*. Achtung: Die Suche nach einer ID liefert immer genau *ein* Ergebnis, da jede ID im ganzen Dokument einmalig sein muss.

Da für die Suche nach einem Element mit einer bestimmten ID in der Regel native Methoden des Browsers benutzt werden (*document.getElementById*), ist die Suche nach einer ID in der Regel performanter als die Suche nach Element-Tag und -ID. Bezogen auf die Beispiele oben heißt das: Die zweite Suche ist schneller als die erste.

Klassen als Suchkriterium

```
$("a.new");
```

Dieser Aufruf liefert alle HTML-Elemente vom Typ <a>, deren
Klassenattribut die Zeichenkette *new* enthält. Klassenbezeichnun-
gen sind alphanumerisch, dürfen das Zeichen _ enthalten und werden für die Benutzung in CSS und für jQuery gekennzeichnet
durch einen vorangestellten Punkt.

Elemente mit mehreren Klassenzugehörigkeiten findet man, indem
man einfach die Klassennamen mit anhängt. Der Aufruf, um einen
Link mit den Klassen extern und gruen zu finden, sieht so aus:

```
$("a.extern.gruen");
```

Die Reihenfolge der Klassen wirkt sich auf die Ergebnismenge der
Suche nicht aus; es ist aber sinnvoll, diejenigen Klassen, die selte-
ner vorkommen, weiter nach vorn zu holen. Wird also im obigen
Beispiel extern insgesamt 20-mal auf der Seite verwendet und gruen
nur dreimal, wäre es effizienter, a.gruen.extern zu verwenden.

Alle Elemente finden

Für den Fall, dass man auf alle Elemente zugreifen will, gibt es den
speziellen Selektor *.

```
$("*");
```

Diese Suche liefert als Ergebnis alle Elemente im HTML-Baum. Der
Einsatz dieses Selektors sollte wohlüberlegt sein und mit einem
Suchbereich kombiniert werden.

```
$("*","#header");
$("#header").find("*"); // liefert auch alle Nachkommen
```

Diese Suche liefert alle Elemente, die sich im HTML-Baum unterhalb des Elements mit der ID header befinden.

Mehrere Ausdrücke im Suchkriterium

Es kommt nicht selten vor, dass man – um nicht dieselbe Proze-
dur ständig zu wiederholen – nach mehreren verschiedenen Elementen suchen will. Ein einfaches Beispiel wäre z. B. ein Feedback
auf einen Mausklick.

```
$("h1,a.click,li.head,#click,.clicker")
    .click(function() {
        alert($(this).text());
});
```

In diesem Beispiel werden alle in den Absätzen davor beschriebenen Selektoren in einem Beispiel verwendet.

Das Suchkriterium setzt sich aus mehreren einzelnen Suchkriterien zusammen, die mit Kommata voneinander getrennt sind. Mehrfachtreffer dieses Suchkriteriums kommen in der Ergebnismenge einfach vor, da die Suchergebnisse zu einer einzelnen Liste zusammengefasst werden, wobei geprüft wird, ob ein Element bereits in der Liste enthalten ist.

Hierarchien in Selektoren

Zu den Bedingungen, die man in den Selektoren angeben kann, gehören unter anderem auch Hierarchien; das bedeutet, dass man angeben kann, in welcher Beziehung das gesuchte Element zu einem anderen steht, um es so finden zu können.

Vorfahre – Nachfahre

Eine häufig verwendete Suche ist die nach einem Element, das einen bestimmten Vorfahren hat. Mit Vorfahren sind dabei alle Elemente gemeint, die sich im HTML-Baum auf dem Pfad zum obersten Element befinden.

```
<div>
    <h1>Titel</h1>
    <p> foo
        <span>bar</span>
    </p>
</div>
```

Im obigen Beispiel sind sowohl div als auch p Vorfahren von span. Das Element h1 ist kein Vorfahre von span.

```
$("div span");
```

und

```
$("p span");
```

liefern beide das Element span in der vierten Zeile, weil sowohl p als auch div Vorfahren von span sind.

```
$("h1 span");
```

liefert ein leeres Array.

Eltern – Kind

Die Eltern-Kind-Beziehung ist eine konkretere Beziehung als die von Vorfahren zu Nachfahren, da hier die Suche nur dann ein Ergebnis liefert, wenn das erste Element im Pfad zum obersten Element das Elternelement ist.

```
<div>
    <h1>Titel</h1>
    <p> foo
        <span>bar</span>
    </p>
</div>
```

In diesem Beispiel wird $("div > span") keine Ergebnisse liefern, $("p > span") dagegen schon.

Benachbarte Elemente

Eine weitere typische Suche ist die nach allen Elementen, die hinter einer ganz bestimmten Art von Element stehen, zum Beispiel nach allen <span>-Elementen, die hinter einem <input>-Feld vom Typ *text* stehen.

```
$("input[type=text] + span");
```

Geschwisterelemente

```
$(prev ~ siblings);
```

Diese Suche liefert alle Geschwisterelemente, die sich hinter dem *prev*-Element befinden.

```
$("#ankerElement ~ div")
```

Dieses Beispiel liefert alle <div>-Elemente, die auf derselben Ebene wie #ankerElement stehen und auf dieses folgen.

Attribute als Suchkriterium

Attribute in HTML-Elementen können mit jQuery auch relativ einfach mit in die Suche einbezogen werden. Dabei spielt es keine Rolle, ob das Attribut ein Standardattribut wie *id*, *class* oder *rel* ist, selbst erstellte Attribute können genauso mit einbezogen werden.

Attribut vorhanden

```
$("image[align]");
```

Dieser Selektor findet alle <image>-Tags mit gesetztem *align*-Attribut. Dabei spielt es keine Rolle, ob das Attribut einen Inhalt hat, und auch nicht welchen.

Dieser Selektor funktioniert entweder für sich allein – dann liefert er alle Tags, die das genannte Attribut haben – oder aber zusammen mit einem vorangestellten Selektor, der die Auswahl der Tags, die das Attribut haben müssen, einschränkt:

```
$("[rel]");
```

Liefert alle Tags, die das Attribut *rel* haben.

```
$("[rel]","div, p, td, a");
$("div,p,td,a").find("[rel]"); // ist schneller
```

Liefert alle <div>, <p>, <td> und <a>, die das Attribut *rel* haben.

Attribut mit einem bestimmten Wert

```
<div rel="hallo jquery">...</div>
<div rel="jquery welt">...</div>
<div rel="jquery">...</div>
```

Auszug eines möglichen HTML-Quelltextes:

```
$("[rel=jquery]");
```

Findet nur das dritte <div>, da nur das dritte exakt die Zeichenfolge *jquery* als Attribut *rel* hat.

Wie auch bei *Attribut vorhanden* lässt sich dieser Selektor mit weiteren Selektoren kombinieren.

Attribut ist ungleich Wert

```
$("div[rel!=jquery]");
```

Dieser Selektor würde alle <div>-Elemente finden, die entweder das Attribut *rel* nicht haben oder aber das Attribut haben, dessen Wert aber nicht *jquery* ist.

Attribut beginnt mit Wert

```
$("div[rel^=jquery]");
```

Dieser Selektor findet alle <div>-Elemente, deren Attribut *rel* mit *jquery* anfängt.

Attribut endet mit Wert

```
$("div[rel$=jquery]");
```

Dieser Selektor findet alle <div>-Elemente, deren Attribut *rel* mit *jquery* endet.

Attribut enthält Wert

```
$("div[rel*=jquery]");
```

Dieser Selektor findet alle <div>-Elemente, in denen das Attribut *rel* den Wert *jquery* enthält.

Mehrere Attribute verketten

```
$("a[rel=jquery][name*=anker]");
```

Man kann mehrere Attributfilter hintereinanderschalten: Das Beispiel zeigt die Suche nach einem <a>-Element, dessen Attribut *rel* den Wert *jquery* enthält und dessen Attribut *name* das Wort *anker* im Wert enthält.

Suchfilter

Suchfilter können verwendet werden, um einen Selektor weiter einzugrenzen um damit schneller bzw. effizienter suchen zu können.

Mit Suchfiltern kann man Suchen nach bestimmten Attributen bzw. dem Inhalt dieser Attribute oder aber dem Inhalt von Elementen durchführen.

Was ihre Syntax angeht, lehnen sich Suchfilter an den CSS-Modifikator für Links an.

```
a:visited
```

Dieser Selektor liefert alle Links, die bereits geöffnet worden sind.

Ein vorangehender Selektor ist für die Suchfilter optional. Das bedeutet, dass man einen normalen Selektor voranstellen *kann*, aber nicht *muss*.

```
$(":first");
```

Liefert das allererste Element im HTML-Baum.

```
$("#header").find(":first");
```

Liefert das erste Kind der Node mit der ID header.

```
$("p:first");
```

Liefert den ersten Absatz.

Die obigen Beispiele verdeutlichen, wie man die Suchfilter anwenden kann. Das erste Beispiel zeigt einen alleinstehenden Suchfilter, das zweite die Verwendung von Suchfiltern mit Angabe eines Suchbereichs und das dritte die Verwendung von Suchfiltern mit normalen Selektoren.

Basisfilter

Erstes Element. `$("p:first");`

Dieser Selektor gibt den ersten Absatz zurück. :first liefert das erste Element des vorangestellten Selektors. Ist keiner vorangestellt, bezieht sich :first auf das erste Element im aktuellen Suchbereich. Ist kein Suchbereich angegeben, wird das (X)HTML-Dokument als Kontext angenommen.

Letztes Element. `$("p:last")`

Dieser Selektor gibt den letzten Absatz zurück. `:last` liefert das in Bezug auf den vorangestellten Selektor letzte Element.

Negierungsfilter. `:not(Selektor)`

Der Negierungsfilter liefert alle Elemente, die nicht *Selektor* entsprechen.

```
$("div:not(#header)");
```

Diese Anfrage liefert alle `<div>`-Elemente, die nicht die ID `header` haben.

Man kann mehrere `:not(Selector)`-Filter in einem Selektor kombinieren und auch mehrere Selektoren dem Filter übergeben.

```
$("div:not(#header):not(#footer)");
$("div:not(#header,#footer)");
```

Beide Anfragen finden alle `<div>`-Elemente, die weder *header* noch *footer* als ID haben.

```
$("body > div:not(.hidden)");
```

Dieser Selektor liefert alle `<div>`-Elemente, die ein Kind von `<body>` sind und nicht die Klasse *hidden* haben.

```
$(":not(.hidden)");
```

Dieser Selektor liefert alle Elemente, die nicht die Klasse *hidden* haben.

Gerade/ungerade Filter. `Selektor:even`

Der Filter `:even` liefert aus allen Elementen, die *Selektor* liefern würde, jedes gerade (also das zweite, vierte usw.) Element.

```
Selektor:odd
```

Der Filter `:odd` liefert aus allen Elementen, die *Selektor* liefern würde, jedes ungerade (also das erste, dritte usw.) Element.

```
$(":even");
```

Ist kein Tag-Selektor angegeben, wird * angenommen.

```
$("div:even");
```

Dieser Selektor liefert jedes zweite gefundene `<div>`-Element.

```
$("div:odd");
```

Dieser Selektor liefert jedes ungerade `div`.

Indexfilter. Mit den Indexfiltern kann man direkt die Menge der zurückgegebenen Elemente beeinflussen.

n-tes Element. Mit dem `:nth(`*Nummer*`)` Filter kann man das n-te Element der Ergebnismenge direkt ansprechen.

```
$("div:nth(5)");
```

Dieser Selektor gibt das 5-te `<div>`-Element zurück.

Elemente größer n. Mit dem `:gt(`*Nummer*`)`-Filter bekommt man alle Elemente, deren Position in der Ergebnismenge größer als *Nummer* ist.

```
$("div:gt(3)");
```

Dieser Selektor gibt alle `<div>`-Elemente zurück, deren Array-Index größer als 3 ist. *gt* steht für *greater than* (größer als).

Elemente kleiner n. Mit dem `:lt(`*Nummer*`)`-Filter bekommt man alle Elemente, deren Position in der Ergebnismenge kleiner als *Nummer* ist.

```
$("div:lt(3)");
```

Dieser Selektor gibt alle `<div>`-Elemente zurück, deren Array-Index kleiner als 3 ist. *lt* steht für *less than* (weniger als).

Titelselektor. `:header`

Dieser Selektor findet alle Elemente, die ein Titel sind, z. B. `<h1>`, `<h2>` und `<h3>`.

Ein möglicher vorangestellter Selektor kann den Filter unbrauchbar machen; es empfiehlt sich, hier als vorangestellten Selektor nur die Einschränkung auf Klassen bzw. auf Element-IDs durchzuführen.

```
$(".myTitle:header")
```

Diese Suche liefert alle Titelelemente mit der Klasse *myTitle*.

```
$(":header.myTitle");
```

Auch diese Suche liefert alle Elemente mit der Klasse *myTitle*.

Filter für animierte Elemente. :animated

Der Filter :animated liefert alle Elemente, die zum Zeitpunkt der Suchanfrage animiert werden.

```
$("div#header").fadeOut(2000).fadeIn(2000);
$("div:animated").stop();
```

In diesem Beispiel wird zunächst in der ersten Zeile eine Animation auf den <div>-Block mit der ID *header* angewandt. In der zweiten Zeile werden anschließend alle <div>-Elemente gesucht und jede darauf ausgeführte Animation mit stop() angehalten. Mehr dazu finden Sie in Kapitel 7, *Animationen*.

Inhaltsfilter

```
:contains(Text)
```

Der Filter *:contains(Text)* findet alle Elemente, die Text enthalten. Text bezieht sich dabei auf die reine Textrepräsentation eines Elements.

Achtung: Ohne passenden Suchbereich bzw. vorangestellten Selektor gibt dieser Suchfilter alle Elemente auf dem Weg zum Element zurück, das den Text enthält.

```
<html>
   <body>
      <div>
         <h1>jQuery ist toll</h1>
             <p>write less, do more</p>
      </div>
   </body>
</html>

$(":contains(jQuery ist toll)");
```

Diese Suchanfrage gibt alle Elemente auf dem Weg zu <h1> zurück, die den angegebenen Text enthalten:

```
[html, body, div, h1]
```

Deshalb sollte der vorangestellte Selektor bei Verwendung dieses Suchfilters den Tag enthalten, in dem man den gesuchten Text vermutet.

```
$("h1:contains(jQuery ist toll)");
```

Dieser Selektor liefert das h1-Element, das den Text *jQuery ist toll* enthält.

Leere Elemente . :empty

Dieser Filter liefert alle Elemente, die leer sind. Elemente sind dann leer, wenn sie weder Kindelemente noch Text enthalten. Nach dieser Definition sind z. B. img-Elemente immer leer, da sie per Definition keine Kindelemente enthalten können und auch keinen Text haben.

```
$("img");
$("img:empty");
```

Diese Selektoren liefern beide dasselbe Ergebnis

Dieser Selektor kann als Synonym für :not(:parent) verstanden werden.

Selektor enthält . $("div:has(h1)");

Der has(selector)-Selektor liefert alle Elemente, die Elemente enthalten, die im inneren Selektor beschrieben werden. Im Beispiel werden alle Elemente gefunden, die ein h1-Element enthalten. Der Selektor kann umschrieben werden mit: »Finde alle Vorfahren aller Elemente, die durch den inneren Selektor gefunden werden.«

Elternselektor. :parent

Dieser Selektor liefert alle Elemente, die einen Kind-Node haben. Ein Kind-Node kann dabei ein HTML-Element oder Text sein.

```
$("div:parent");
```

Das kann als Alias für :not(:empty) verstanden werden.

n-Kind-Filter

Der n-Kind-Filter liefert alle Elemente, die das gerade, ungerade usw. Kind ihres jeweiligen Elternelements sind. Dieser Filter liefert im Vergleich zum Filter eq(x) mehr als nur *ein* Element: Wird *even* als Parameter übergeben, liefert der Selektor alle Elemente, die ein gerades Kind ihres Elternelements sind.

```
:nth-child(n)
```

Dieser Filter liefert alle Elemente, die das *n*-te Kind ihres Elternelements sind.

```
$("div p:nth-child(3)");
```

Wird dieses Beispiel auf eine Seite angewandt, die vier <div>-Blöcke mit je 2, 3, 4, 5 <p>-Elementen hat, wird das Ergebnis drei <p>-Elemente umfassen. Der Index ist *eins*-basiert, *1* als Parameter liefert also das erste Element.

Gerade und ungerade Elemente. :nth-child(even/odd)

Liefert alle Elemente, die ein gerades bzw. ungerades Kind ihres Elternelements sind.

```
$("#content p:nth-child(even)");
```

Dieser Selektor findet alle <p>-Elemente, die ein gerades Kind von #content sind.

```
$("#content p:nth-child(odd)");
```

Dieser Selektor findet alle ungeraden <p>-Elemente, deren Elternelement #content ist.

n-Kind-Element mit Formel. :nth-child(equation)

Der Filter :nth-child kann auch eine Formel übergeben bekommen, wobei sich die Formel auf Vielfache von n beschränkt. Mögliche Formeln könnten sein: 3n, 4n, 5n. Die Formel 3n+2 würde auf 3n reduziert, da das Pluszeichen sowie andere Operatoren nicht ausgewertet werden.

```
$("#content p:nth-child(3n)");
```

Erstes Kind. Der Filter `:first-child` entspricht `:nth-child(1)`.

Letztes Kind. Der Filter `:last-child` liefert alle Elemente, die das letzte Kind ihrer Eltern sind.

Einziges Kind. Der Filter `:only-child` liefert alle Elemente, die das einzige Kind ihrer Eltern sind.

Filter für Formulare

Sizzle JS kennt Filter für alle möglichen Elemente eines Formulars. Mit ihnen kann man Formularelemente bequem suchen und damit mehrere Selektoren zu einigen wenigen zusammenfassen.

Alle Eingabeelemente. `:input`

Dieser Filter liefert alle Elemente `<input>`, `<textarea>`, `<select>` und `<button>` im Suchbereich.

```
$(":input", "form#MyForm");
```

Alle Eingabeelemente vom Typ Text. `:text`

Dieser Selektor findet alle `<input type="text" />`-Elemente; auch wenn er spezifisch für den Tag `<input>` ist, empfiehlt es sich, den *input*-Selektor voranzustellen, um die Suchperformance zu erhöhen.

```
$("input:text");
```

Der `:text`-Selektor ist eine Abkürzung für `input[type=text]`.

Alle Passworteingabefelder. `:password`

Dieser Selektor liefert alle `<input type="password" />`-Elemente. Dieser Filter sollte aus Performancegründen auf einen bestimmten Kontext eingeschränkt oder aber mit dem vorangestellten *input*-Selektor versehen werden.

```
$("input:password");
```

Alle Radioelemente. `:radio`

Dieser Selektor liefert alle Radioauswahlelemente. Der Filter sollte mit vorangestelltem *input* bzw. passendem Suchbereich versehen werden. Er ist vergleichbar mit dem Selektor input[type=radio].

```
$("input:radio");
```

Alle Checkboxen. `:checkbox`

Liefert alle <input>-Elemente vom Typ *checkbox*. Ist vergleichbar mit dem Selektor input[type=checkbox].

```
$("input:checkbox");
```

Alle Submit-Elemente. `:submit`

Dieser Filter bezieht sich auf alle <button>- und <input>-Elemente vom Typ <submit>.

```
$(":submit");
```

Alle Image-Elemente. `:image`

Dieser Filter liefert alle <input>-Elemente vom Typ *image*. Er ist vergleichbar mit dem Selektor input[type=image].

```
$("input:image");
```

Alle Zurücksetzen-Elemente. `:reset`

Dieser Filter liefert alle <input>-Elemente vom Typ *reset*. Er ist vergleichbar mit dem Selektor input[type=reset].

```
$("input:reset");
```

Alle Buttons. `:button`

Dieser Selektor liefert alle Elemente vom Typ <button> und <input> vom Typ *button*. Vergleichbar mit dem Selektor button, input[type=button].

```
$(":button");
```

Alle Datei-auswählen-Elemente. `:file`

Dieser Selektor liefert alle `<input>`-Elemente vom Typ *file*. Vergleichbar mit dem Selektor `input[type=file]`.

```
$(":file");
```

Filter für den Zustand von Formularelementen

Aktive Elemente. Der Filter `:enabled` liefert alle aktiven Formularelemente. Ein Formularelement ist dann aktiv, wenn es das Attribut *disabled* nicht hat.

Beispiel für ein inaktives Texteingabeelement:

```
<input type="text" name="Foo" value="Bar" disabled="disabled" />
```

Der folgende Selektor erfasst das obige Beispiel nicht:

```
$(":input:enabled");
```

Er liefert alle Elemente, die das Attribut *disabled* nicht haben und sichtbar sind. Wenn Sie alle Elemente haben wollen, die nicht deaktiviert worden sind, benutzen Sie den Selektor `:not(:disabled)`.

Alle deaktivierten Elemente. `$("input:disabled");`

Diese Query gibt alle Formularelemente aus, die deaktiviert sind. Ein Element wird deaktiviert, indem man den Parameter *disabled* setzt. Elemente vom Typ *hidden*, die vom `:enabled`-Filter nicht gefunden werden, werden vom `:disabled`-Filter nur erfasst, wenn das *disabled*-Attribut gesetzt ist.

```
$("input:submit").attr('disabled', true);
```

Diese Abfrage deaktiviert alle Submit-Elemente. Sie lassen sich anschließend nicht mehr anklicken. Achtung: Dies sollte nicht mit dem Abfangen des Submit-Event verwechselt werden.

Alle ausgewählten Radio- oder Checkbox-Elemente. `$("input:checked");`

Diese Query liefert alle Elemente, die angeklickt wurden oder beim Seitenaufruf bereits aktiviert waren.

Der Filter :checked ohne vorangestellten Selektor oder Suchbereich liefert <input>-Elemente vom Typ *checkbox* und *radio* und <option>-Elemente.

Alle markierten Elemente in Auswahllisten. Mit dem :selected-Filter kann man alle <option>-Elemente holen, die ausgewählt sind. In einer Drop-down-Liste ist ein Element automatisch ausgewählt, wenn es sichtbar ist. Das heißt, dass in einer Drop-down-Liste immer ein Element ausgewählt ist.

In einer Liste, in der mehrere Elemente ausgewählt werden können, sind nur diejenigen Elemente ausgewählt, die vorausgewählt oder vom User markiert worden sind. Eine Auswahlliste ermöglicht die Mehrfachauswahl, wenn das Attribut *multiple* gesetzt ist.

```
$(":selected");
```

Liefert alle <option>-Elemente, die ausgewählt sind.

Mit dem Suchergebnis arbeiten

In diesem Kapitel werden Methoden vorgestellt, die mit dem Suchergebnis der jQuery-Methode arbeiten. Die Methoden benutzen dabei das Suchergebnis, um davon ausgehend Vorfahren oder Nachkommen zu finden, das Suchergebnis durch weitere Selektoren weiter einzuschränken oder Elemente mit einer bestimmten Eigenschaft ausfindig zu machen.

Etliche dieser Methoden sind vergleichbar mit der Benutzung eines Selektors auf ein jQuery-Suchergebnis als Kontext.

toArray(): Ergebnismenge als Array

Die Methode *toArray* liefert die aktuelle Auswahl an Elementen als einfaches Array mit DOM-Elementen zurück.

Im folgenden Beispiel wird der Variable *pArray* die Liste aller gefundenen Paragrafen zugewiesen.

```
var pArray = $("p").toArray();
```

Filter

In diesem Abschnitt werden Methoden vorgestellt, die das Suchergebnis direkt bearbeiten.

eq(n): liefert das Element mit dem Index n

Mit der Methode *eq(n)* kann man gezielt ein bestimmtes Element aus der Ergebnismenge herausholen. Dazu übergibt man der Methode eine Ganzzahl, die die Position des Elements im Set repräsentiert. Will man zum Beispiel das vierte Element weiterverarbeiten, kann man das so tun:

```
$("p").eq(3).css("border", "solid 1px silver");
```

In folgendem etwas ausführlicheren Beispiel wird die Methode *eq* benutzt, um abhängig vom Index des Elements darauf eine Formatierung auszuführen:

```
var myPs = $("p");
for (var i = 0; i < myPs.size(); i++) {
    if ((i + 2) % 3 == 0) {
        myPs.eq(i).css("border","solid 1px silver");
    }
}
```

Zu beachten ist, dass der Index der Elementmenge nullbasiert ist, dass also das erste Element den Index 0 hat.

filter(selector): Elementauswahl weiter einschränken

Die Methode *filter* ermöglicht es, die Auswahl der Elemente weiter einzuschränken, indem sie den übergebenen Parameter *selector* auf die Elemente anwendet: Nur wenn ein Element dem Selektor entspricht, ist es auch im Rückgabewert enthalten.

Im folgenden Beispiel wird die Verwendung eines if-Statements durch die Verwendung der Methode *filter* vermieden:

```
$("p.jQuery").filter(".isGreat").each(function() {
    $(this).addClass("doesMore");
});
```

So würde das Ganze mit einem if-Statement statt des Filters aussehen:

```
$("p.jQuery").each(function() {
    if($(this).hasClass("isGreat")) {
        $(this).addClass("doesMore");
    }
});
```

filter(fn): Funktion verwenden, um Auswahl weiter einzuschränken

Man kann die Auswahl der Elemente weiter einschränken, indem man der Methode *filter* eine Filterfunktion übergibt. Die Filterfunktion ist eine ganz gewöhnliche Methode, die einen Parameter übergeben bekommt und darüber auf das zu prüfende Element zugreifen kann. Die Funktion muss true oder false zurückgeben und signalisiert damit, ob ein Element in die neue Auswahl kommt oder nicht.

Beispiel für eine einfache Filterfunktion:

```
var myCustomFilter = function(index) {
    return (index + 2) % 3 == 0;
};
```

Die Methode *myCustomFilter* kann jetzt als Parameter für die Methode *filter* verwendet werden:

```
$("p").filter(myCustomFilter).addClass("isCustom");
```

Es ist aber auch möglich, direkt eine *anonyme Funktion* zu übergeben:

```
$("p").filter(function (i) {
    return (i + 2) % 3 == 0;
}).addClass("isCustom");
```

has(selector): auf enthaltene Elemente prüfen

Die Methode *has(selector)* liefert eine neue Auswahl mit allen Elementen, die Elemente enthalten, die durch den übergebenen Selektor gefunden werden. Alternativ zu einem Selektor kann auch ein konkretes DOM-Element übergeben werden.

Das nachfolgende Beispiel liefert alle Paragrafen, die einen Link der Klasse *wiki* haben.

```
$("p").has("a.wiki");
```

is(selector): auf Existenz eines Elements prüfen

Die Methode *is(selector)* liefert true, wenn mindestens ein Element der Ergebnismenge auf *selector* zutrifft.

Diese Methode empfiehlt sich besonders für die Verwendung in if-Statements:

```
if ($("p").is(".blau, .rot")) {
    // Wird ausgeführt, wenn mindestens ein p-Element
    // mit .rot oder .blau gefunden wird.
}
```

map(fn): auf jedes Elements eines Array eine Methode anwenden

Die Methode *map(fn)* kann benutzt werden, um aus den Elementen der aktuellen Elementauswahl eine neue Auswahl zu erstellen. Diese Methode ist vergleichbar mit der Methode *each(fn)*, bloß mit dem Unterschied, dass *map(fn)* die Rückgabewerte der Aufrufe der übergebenen Funktion sammelt und diese als neue Auswahl zurückgibt. Dabei spielt es keine Rolle, ob die Auswahl der Elemente aus HTML-Elementen oder einfachen Zeichenketten besteht.

Im folgenden Beispiel wird die Methode *map* benutzt, um aus einem gewöhnlichen Array ein einfaches Formular zu erstellen:

```
// Array mit Formularelementen aufbauen
var myForm = new Array();
myForm.push({name: "Vorname", type: "text"});
myForm.push({name: "Nachname", type: "text"});

// aus dem einfachen Array HTML-Elemente generieren
var elems = $(myForm).map(function (i, el) {
    // das <input>-Element erzeugen
    var input = $('<input type="'+el.type+
        '" name="'+el.name+'" id="input_'+el.name+'"/>');
    // das <label> für <input> erzeugen
```

```
    var label = $('<label for="input_'+el.name+'">'
      +el.name+'</label>');
    // Rückgabe der DOM-Elemente (ohne jQuery-Objekt)
    return [ input[0] , label[0] ];
});

// <form> erzeugen und Elemente + Submit-Button einfügen
$('<form></form>').appendTo("body")
    .append(elems)
    .after('<input type="submit" />');
```

Genauso könnte man die Werte eines Formulars einfach auslesen:

```
$("input[type=text]").map(function () {
    return $(this).val();
});
```

In diesem Beispiel wurden der *Mapping-Funktion* keine Parameter übergeben, da auf das aktuelle Element über jQuery(this) zugegriffen werden kann.

not(selector): Elemente mit Selektor aus der Auswahl entfernen

Die Methode *not(selector)* entfernt alle Elemente aus der Auswahl, die dem Selektor entsprechen. Diese Methode entspricht dem Aufruf der Methode *filter* in Kombination mit dem *:not(selector)*-Filter.

Als Beispiel sollen alle <div>-Elemente ohne eine ID ausgewählt werden:

```
$("div").not("[id]");
```

Alternativ kann auch die Methode *Filter* angewandt werden:

```
$("div").filter(":not([id])");
```

not(filterFn): Elemente mit Filter-Funktion aus der Auswahl entfernen

Die Methode *not(filterFn)* entfernt alle Elemente aus der Auswahl, für die die übergebene Funktion *true* zurückgibt. Die übergebene Funktion bekommt als Parameter den numerischen nullbasierten Index des Elements in der aktuellen Auswahl übergeben. Die Filter-Funktion läuft im Kontext des Elements, das geprüft werden soll. Wenn die Rückgabe *true* ist, wird das Element aus der Auswahl entfernt.

Im folgenden Beispiel werden aus der Auswahl alle siebten Elemente sowie alle Elemente der Klasse *remove* entfernt.

```
$("div").not(function(i){
    return (i % 7 == 0 || $(this).hasClass("remove")
});
```

slice(start, end): Teilmenge der Elementliste extrahieren

Mit der Methode *slice* kann man eine Teilmenge der Elemente eines Selektors *herausschneiden*. Der erste Wert, der übergeben wird, gibt an, *ab welchem* Element herausgeschnitten werden soll. Der zweite, optionale Parameter gibt an, *bis zu welchem* Element herausgeschnitten werden soll; wird dieser nicht angegeben, werden alle verbleibenden Elemente ausgegeben.

Für das folgende Beispiel wird angenommen, dass im Dokument 16 <p>-Elemente existieren, von denen die Elemente 5 bis 10 weiterverarbeitet werden sollen:

```
$("p").slice(4,9);
```

Sollen dagegen alle Elemente ab dem achten verarbeitet werden, reicht es aus, einen Parameter anzugeben:

```
$("p").slice(7);
```

Suchergebnis bearbeiten

add(selector, context): zur Ergebnismenge weitere Elemente hinzufügen

Die Methode *add(selector)* fügt zur Elementauswahl die mit dem Parameter *selector* gefundenen Elemente hinzu. Sollten Elemente gefunden werden, die bereits in der Auswahl enthalten sind, werden diese nicht hinzugefügt, da sie in der Liste bereits vorhanden sind.

Optional kann als zweiter Parameter ein Kontext angegeben werden. In diesem Fall wird die Suche auf den Kontext angewandt. Der Default-Kontext ist das Dokument.

Im folgenden Beispiel werden zunächst alle Absätze der Klasse rot ausgewählt und anschließend zu dieser Auswahl alle Absätze der Klasse gruen hinzugefügt.

```
$("p.rot").add("p.gruen");
```

children(selector): Kindelemente holen

Die Methode *children* liefert die Kindelemente aller Elemente in der aktuellen Auswahl. Wird ein optionaler Selektor als Parameter mit übergeben, wird die Auswahl der Kinder durch den Selektor eingegrenzt.

In diesem Beispiel sollen die Kinder aller <div>-Elemente ausgegeben werden:

```
$("div").children();
```

Dieser Aufruf ist vergleichbar mit dem hier:

```
$("> *", $("div"));
```

Im folgenden Beispiel wird die Auswahl der Kinder auf Elemente der Klasse important eingeschränkt.

```
$("div").children(".important");
```

Dieser Aufruf ist vergleichbar mit dem hier:

```
$("> *.important", $("div"));
```

closest(selector, *context*): nächstes Element finden

Die Methode *closest* sucht für jedes Element der Auswahl das erste Vorkommen von *selector* im Dokumentbaum bis zum Element selbst. Dafür betrachtet es für jedes Element alle Vorfahren und das Element selbst.

Sollten zwei oder mehr Elemente dabei gemeinsame Vorfahren haben, wird dieses Elementnur ein Mal in die Liste der Rückgabewerte aufgenommen.

In diesem Beispiel wird für einen Submit-Button das umschließende Formular gesucht:

```
$("input[type=submit]").closest("form");
```

Dieses Beispiel funktioniert aber auch genauso, wenn man allgemein von Eingabeelementen statt von einem konkretem Element ausgeht:

```
$(":input").closest("form");
```

Das würde alle Formulare zurückgeben, die ein Eingabeelement enthalten.

Will man den Kontext einschränken, in dem gesucht wird, kann man ihn als zweiten Parameter übergeben.

Für Pluginentwickler und interne Zwecke gibt es noch die Möglichkeit, statt eines Selektors ein Array mit Selektoren zu übergeben – in diesem Fall ist die Rückgabe der Methode ein Array mit den gefundenen Elementen statt einer jQuery-Sammlung.

contents(): auf den Inhalt der Elemente zugreifen

Die Methode *contents()* liefert alle Kind-Nodes aller Elemente. Im Gegensatz zur Methode *children()* werden selbst Text und Kommentar-Nodes ausgegeben. In den Beispielen wird der Zugriff auf verschiedene Typen von Nodes verdeutlicht.

Wird *contents()* auf einem iframe-Element ausgeführt, gibt sie das enthaltene Dokumentobjekt des Iframe aus.

Im folgenden Beispiel wird auf ein Iframe-Dokument zugegriffen und in diesem die erste Überschrift mit CSS formatiert:

```
$("iframe#firstIframe").contents()
    .find("h1")
    .css("border-bottom","solid 1px black");
```

Das folgende umfangreiche Beispiel zeigt die Arbeit mit Nodes:

```
$("div#mytest").contents().each(function (i) {
    switch(this.nodeType) {
        case 1: alert(i + " Element gefunden");
            break;
        case 3: alert(i + " Text gefunden:" + this.data);
            break;
      case 8: alert(i + " Kommentar:" + this.data);
            break;
            case 9: alert(i + " Dokument-Node");
            break;
```

```
        default: alert(i + ":nodeType=" + this.nodeType);
            break;
    }
});
```

In diesem Beispiel wird für jedes Node-Element ausgegeben, von welchem Typ es ist.

find(selector): nach bestimmten Nachkommen suchen

Die Methode *find(selector)* sucht in den Nachkommen in den Elementen des aktuellen Selektors nach Elementen, die auf *selector* zutreffen, und gibt diese zurück. Im Gegensatz zur Methode *children(selector)* sucht *find* auch in den Kindern der Kinder nach passenden Elementen.

Im folgenden Beispiel wird für jedes <div>-Element nach Absätzen der Klasse rot und nach span-Elementen der Klasse blau gesucht:

```
$("div").find("p.rot, span.blau");
```

first(): Sammlung auf das erste Element reduzieren

Die Methode *first()* liefert eine neue Sammlung mit dem ersten Element der ursprünglichen Sammlung.

```
var first = $("div").first(); // enthält nur das erste
gefundene div-Element
```

last(): Sammlung auf das letzte Element reduzieren

Die Methode *last()* liefert eine neue Sammlung mit dem letzten Element der ursprünglichen Sammlung.

```
var last = $("div").last(); // enthält nur das letzte gefundene
div-Element
```

next(selector): nachfolgende Geschwisterelemente finden

Die Methode *next(selector)* liefert das nächste Geschwisterelement eines jeden Elements in der aktuellen Auswahl. Optional kann ein Selektor als Parameter übergeben werden: Dann wird jeweils das nachfolgende Geschwisterelement ausgegeben, auf das *selector* zutrifft. Diese Methode gibt für jedes Element der aktuellen Auswahl genau ein Geschwisterelement aus.

Im folgenden Beispiel wird für jedes <div>-Element der Klasse *content* ein Geschwisterelement vom Typ *div* der Klasse *comments* gesucht und darauf eine CSS-Anweisung gesetzt.

```
$("div.content").next("div.comments")
    .css("font-style","italic");
```

nextAll(selector): alle nachfolgenden Geschwister

Die Methode *nextAll(selector)* funktioniert genau wie die Methode *next(selector)*, mit dem Unterschied, dass *nextAll* alle und nicht nur ein nachfolgendes Element ausgibt.

```
$("div#content").nextAll("div").addClass("danach");
```

nextUntil(selector): alle nachfolgenden Geschwister bis selector

Die Methode *nextUntil(selector)* liefert alle Elemente bis zum ersten Element, das von *selector* gefunden wird. Wird kein entsprechendes Element gefunden, entspricht die Rückgabe der Methode *nextAll(selector)*

```
$("#first").nextUntil("#second").addClass("markiert");
```

offsetParent(): Vorfahr mit Positionierung

Die Methode *offsetParent* liefert für das erste Element der aktuellen Auswahl das nächste Vorfahrenelement, das eine Positionierung hat. Ein Element ist dann positioniert, wenn das CSS-Attribut *position* auf *absolute* oder *relative* gesetzt ist. Diese Methode liefert nur sichtbare Elemente.

Im folgenden Beispiel wird zunächst für das *span*-Element mit der ID *myElem* ein Vorfahr mit gesetzter Positionierung gesucht. Sollte kein Vorfahr positioniert worden sein, wird im Zweifelsfall das *body*-Element zurückgegeben. Sobald das Element gefunden ist, wird in einem Dialog die Positionierung angezeigt.

```
var pElem = $("span#myElem").offsetParent()
if (pElem.size() > 0) {
    var off = pElem.offset();
    alert("Parent-Offset links:" + off.left
                + " und von oben:" + off.top);
}
```

parent(selector): Zugriff auf die Elternelemente

Mit der Methode *parent(selector)* bekommt man bequem ein Element-Set mit den Elternelementen der Elemente in der aktuellen Auswahl. Mit dem optionalen Parameter *selector* kann man die Auswahl der Elternelemente durch den übergebenen Selektor filtern.

Das folgende Beispiel sucht zunächst alle Absätze und liefert anschließend alle direkten Eltern dieser Absätze, aber nur wenn es sich dabei um *div*-Elemente handelt.

```
$("p").parent("div");
```

parents(selector): Zugriff auf die Elternelemente

Mit der Methode *parents(selector)* bekommt man bequem ein Element-Set mit jeweils allen Vorfahren der Elemente in der aktuellen Auswahl. Mit dem optionalen Parameter *selector* kann man die Auswahl der Vorfahren durch den übergebenen Selektor filtern.

Im Gegensatz zur Methode *parent* wird dabei der gesamte DOM-Baum bis zur Wurzel berücksichtigt, nicht nur der direkte Vorfahr.

Das folgende Beispiel sucht zunächst alle Absätze und liefert anschließend alle Vorfahren dieser Absätze.

```
$("p").parents();
```

parentsUntil(selector): Zugriff auf die Elternelemente

Mit der Methode *parentsUntil(selector)* bekommt man bequem ein Element-Set mit jeweils allen Vorfahren der Elemente in der aktuellen Auswahl. Mit dem Parameter *selector* gibt man an, ab welchem Level Vorfahren nicht mehr berücksichtigt werden. Alle Elemente ab dem ersten, das durch *selector* gefunden wird, werden nicht mehr berücksichtigt.

Das folgende Beispiel sucht zunächst alle Absätze und liefert anschließend alle Vorfahren dieser Absätze bis zum Element mit der ID *content*.

```
$("p").parentsUntil("#content");
```

prev(selector): auf vorhergehende Geschwisterelemente zugreifen

Die Methode *prev(selector)* liefert für jedes Element der aktuellen Auswahl das vorhergehende Element. Wird der optionale Parameter *selector* angegeben, wird das vorhergehende Element nur zurückgegeben, wenn es auf den übergebenen Selektor zutrifft.

Im folgenden Beispiel wird für alle *p*-Elemente das vorherige Geschwisterelement zurückgegeben, wenn es selbst kein *p*-Element ist.

```
$("p").prev(":not(p)");
```

prevAll(selector): auf alle vorhergehenden Geschwisterelemente zugreifen

Die Methode *prevAll(selector)* liefert für jedes Element der aktuellen Auswahl alle vorhergehenden Geschwisterelemente. Optional kann ein Selektor als Parameter angegeben werden; in diesem Fall werden nur diejenigen Geschwisterelemente geliefert, die auf den Selektor zutreffen. Sollten mehrere Elemente gemeinsame Geschwisterelemente haben, werden diese nur einmal ausgegeben.

Im folgenden Beispiel werden für jedes *p*-Element alle vorherigen Geschwisterelemente ausgegeben, die weder ein *p*- noch ein *div*-Element sind.

```
$("p").prevAll(":not(p, div)");
```

prevUntil(selector): auf vorhergehende Geschwisterelemente zugreifen

Die Methode *prevUntil(selector)* liefert für jedes Element der aktuellen Auswahl alle vorhergehenden Geschwisterelemente. Berücksichtigt werden alle Elemente bis einschließlich zum letzten vor dem ersten, das durch *selector* gefunden wird.

Im folgenden Beispiel werden für jedes *p*-Element alle vorherigen Geschwisterelemente bis zum Element mit der ID *first* ausgegeben.

```
$("p").prevUntil("#first");
```

siblings(selector): alle Geschwister ausgeben

Die Methode *siblings(selector)* fasst die Funktionalität der Methoden *prevAll(selector)* und *nextAll(selector)* zusammen: Sie liefert alle Geschwisterelemente für jedes Element der aktuellen Auswahl, auf das der optional angegebene Selektor zutrifft.

Im nachfolgenden Beispiel sollen für alle Elemente der Klasse *unique* alle Geschwister ohne Klassenangabe ausgegeben werden:

```
$(".unique").siblings(":not([class])");
```

Verketten

andSelf(): Suchergebnis um Elemente erweitern

Die Methode *andSelf* fügt einer traversierten Ergebnismenge die ursprüngliche Ergebnismenge hinzu. *Traversierung* ist das Überführen einer Ergebnismenge in eine andere, wobei die Überführung abhängig von der ursprünglichen Ergebnismenge ist. Ein einfaches Beispiel für Traversierung ist das Holen von Geschwisterelementen für jedes Element einer Ergebnismenge.

Im folgenden Beispiel wird zunächst in der ersten Zeile nach allen *div*-Elementen gesucht, die direkte Kinder des *body*-Elements sind. Anschließend wird in diesen Elementen nach Kindern gesucht, die auch *div*-Elemente sind. In der zweiten Zeile besteht das Zwischenergebnis aus Elementen, die der Aufruf .children("div") liefert. In der dritten Zeile wird das Ergebnis der ersten Zeile zum Ergebnis in der zweiten Zeile hinzugefügt und zurückgegeben.

```
$("body > div")
   .children("div")
   .andSelf();
```

end(): Aufruf einer Traversing-Methode rückgängig machen

Die Methode *end* verwirft den Aufruf einer traversierenden Methode und setzt das Ergebnis auf die Ergebnismenge davor zurück. Diese Methode ist besonders beim Einsatz von Method Chaining sinnvoll, da man so den Aufruffluss nicht unterbrechen muss.

Im folgenden Beispiel werden zunächst in der ersten Zeile alle *div*-Elemente gesucht. In der zweiten Zeile werden diejenigen Kinder der *div*-Elemente, die *p*-Elemente sind, mit CSS formatiert. In der dritten Zeile wird die Ergebnismenge auf die ursprüngliche Ergebnismenge zurückgeführt. In der vierten Zeile werden für alle *div*-Elemente alle Geschwister gesucht, die unsortierte Listen sind, und mit CSS mit einem roten gepunkteten Rahmen versehen. Anschließend wird in der fünften Zeile für jedes *div*-Element aus dem Aufruf in der ersten Zeile mit CSS ein Außenabstand von 10 Pixeln in jede Richtung gesetzt.

```
$("div")
  .children("p").css("font-style","italic")
  .end()
  .siblings("ul").css("border","dotted 2px red")
  .end().css("margin","10px");
```

KAPITEL 4

Ändern

In diesem Kapitel soll gezeigt werden, wie man mit der jQuery-Bibliothek Änderungen am bestehenden HTML-Baum (DOM) durchführen kann. jQuery ermöglicht vielfältige Änderungen wie z. B. das Verschieben von Elementen oder den bequemen Zugriff auf Attribute von Elementen.

Attribute

Jedes HTML-Element kann Attribute haben. jQuery vereinfacht den Zugriff auf diese, indem es mehrere Funktionen bietet, mit denen man bequem auf die Attribute zugreifen kann.

In diesem Abschnitt werden die Methoden für den Zugriff auf Attribute erklärt, und im Abschnitt Klassen der Zugriff auf das spezielle Attribut *class*.

attr

Die Funktion *attr* kennt verschiedene Parameter und ermöglicht sowohl das Lesen als auch das Setzen von Parametern.

attr(name): Attribut auslesen. Diese Funktion liefert den Wert eines Attributs, wenn eines im Element vorhanden ist. Diese Funktion verarbeitet nur das erste Element in der aktuellen Auswahl. Um das Attribut in jedem Element der Ergebnismenge auszulesen, kann *attr(name)* in Kombination mit der Funktion *each(function)* benutzt werden.

```
...
<a rel="library" href="http://jquery.com">jQuery ist toll!</a>
...
```

Hier sehen Sie ein Beispiel für ein Element mit dem Attribut *rel*:

```
alert($("a").attr("rel"));
```

Dieser Aufruf ergibt einen Hinweis mit dem Inhalt *library*. Auch wenn es mehrere *a*-Elemente mit dem Attribut *rel* geben sollte, wird nur der Inhalt des ersten ausgegeben. Der Rückgabewert ist vom Typ *string*.

attr(key, value): Attribut auf einen bestimmten Wert setzen   Um ein Attribut auf einen bestimmten Wert zu setzen, reicht es aus, der Methode *attr* neben dem Namen des Attributs als erstem Parameter auch den Wert des Attributs als zweiten Parameter zu übergeben. Der Rückgabewert dieser Funktion ist das jQuery-Objekt mit der aktuellen Ergebnismenge.

```
$("a#mylink").attr("rel","author");
```

Dieser Aufruf setzt für das *a*-Element mit der ID *mylink* das Attribut *rel* auf den Wert *author*. Wenn das Element dieses Attribut nicht hat, wird es angelegt.

attr(properties): mehrere Attribute auf einmal setzen.   Wenn man mehrere Attribute mit einem Aufruf setzen will, muss man *attr* als Parameter ein einfaches Objekt übergeben, das die gewünschten Attributnamen und -werte als Schlüssel/Wert-Beziehungen darstellt. Der Rückgabewert dieser Methode ist das jQuery-Objekt mit der aktuellen Ergebnismenge.

```
$("a.jqhome").attr({
    rel : 'library',
    href : 'http://www.jquery.com'
});
```

In diesem Beispiel werden für alle *a*-Elemente der Klasse *jqhome* die Attribute *rel* und *href* gesetzt. Dieser Aufruf ist vergleichbar mit dem Aufruf

```
$("a.jqhome").attr("rel","library")
    .attr("href","http://www.jquery.com");
```

Auch in diesem Beispiel werden für alle *a*-Elemente der Klasse *jqhome* die Attribute *rel* und *href* gesetzt. Hier wird dafür allerdings pro Attribut jeweils ein Methodenaufruf benötigt.

attr(key, fn): Attribut auf Rückgabewert einer Funktion setzen. Wird der Methode *attr* als zweiter Parameter eine Funktion übergeben, wird das entsprechende Attribut auf den Rückgabewert der Funktion gesetzt. Der Funktion wird ein Parameter übergeben, nämlich der numerische Index des aktuellen Elements. Weiterhin kann mit $(this) auf das aktuelle Element zugegriffen werden.

```
function myLink(index, link) {
    $("#console")
        .append("<p><strong>"
            + index + "</strong>:"
            + link + "</p>");
    return link + "#example";
};

$("a[href*=/jquery.com]").attr("href", myLink);
```

remoteAttr(name): Attribut entfernen. Um ein Attribut zu entfernen, reicht der Aufruf von *removeAttr(name)*, wobei *name* eine Zeichenkette mit dem Namen des Attributs ist. Die Methode entfernt auf allen Elementen des aktuellen Suchkontexts das entsprechende Attribut.

```
$("a.mylink").removeAttr("rel");
```

Klassen

Das Attribut *class* ist ein besonderes und wichtiges Attribut, da sein Inhalt sowohl für das Aussehen (über Cascading Style Sheets) als auch für jQuery eine besondere Bedeutung hat. Elemente, die zu einer konkreten Klasse gehören, lassen sich mit der Selector Engine *Sizzle* besonders einfach finden. Das Besondere an diesem Attribut ist, dass zum einen mehrere Elemente zu einer Klasse gehören können und zum anderen ein Element Mitglied mehrerer Klassen sein kann.

Beispiel: Das Element <p> gehört zu den Klassen *absatz* und *hintergrund-grau*.

```
<p class="absatz hintergrund-grau">Beispiel</p>
```

Da diese Eigenschaft das Attribut *class* für jQuery besonders interessant macht, bietet jQuery mehrere Methoden, mit denen man bequem auf dieses Attribut zugreifen und es manipulieren kann.

Klassen in Selektoren können mit vorangestelltem Punkt direkt genutzt werden und müssen nicht wie andere Attribute mit eckigen Klammern maskiert werden.

Beispiel: Suche nach allen <p>-Elementen mit der Klasse *absatz*.

```
$("p.absatz");
```

Die Methoden, die von jQuery bereitgestellt werden, sind notwendig, da die Liste der Klassen, zu denen ein Element gehört, eine einfache Zeichenkette mit Leerzeichen als Trennzeichen ist und das Setzen und Entfernen der Klassenzugehörigkeit über die Manipulation dieser Zeichenkette geschieht.

addClass(name): Klassenzugehörigkeit setzen. Mit der Methode *addClass(name)* werden alle Elemente des aktuellen Selektors zur Klasse *name* hinzugefügt. Ist ein Element bereits Mitglied der Klasse, ändert sich daran nichts – der Klassenname kommt auch dann nur einmal vor.

Beispiel: Alle Absätze, die das erste Kind ihrer Eltern sind, werden zur Klasse *firstChild* hinzugefügt:

```
$("p:first-child").addClass("firstChild");
```

Anschließend sind alle diese Elemente über einen Selektor auf die Klasse *firstChild* erreichbar:

```
$("p.firstChild");
```

Ein einfaches Beispiel für die Verwendung von Klassen ist das Markieren von Elementen aus mehreren Suchen, damit diese einfach wiedergefunden werden können:

```
$("div ~ p").addClass("mySearch");
$("a[rel=bookmark]").addClass("mySearch");
```

Die Elemente der Klasse *mySearch* sind anschließend über den Klassennamen schnell zu finden:

```
$(".mySearch");
```

Alternativ zur Angabe eines konkreten Klassennamens kann auch eine Callback-Funktion angegeben werden. Dieser Callback-Funktion muss man dann als ersten Parameter den Index des aktuellen Elements in der Sammlung und als zweiten Parameter die Liste aller aktuellen Klassen als einfache Zeichenkette übergeben.

Im folgenden Beispiel wird die Callback-Funktion genutzt, um Elemente mit dynamisch generierten Klassen zu versehen.

```
$("tr").class(function(i){
    return "row-color-" + (i % 5);
});
```

hasClass(name): prüfen, ob ein Element zu einer Klasse gehört   Mit der Methode *hasClass* kann man prüfen, ob ein Element zu einer Klasse gehört. Diese Methode liefert true, wenn in der Auswahl des aktuellen Selektors mindestens ein Element zur Klasse *name* gehört. Wird kein Element gefunden, das zur Klasse *name* gehört, liefert die Methode false.

Beispiel: In einem *div*-Container befinden sich zwei *span*-Elemente, von denen das erste zur Klasse *foo*, das zweite zur Klasse *bar* gehört.

```
<div id="mytest">
    <span class="foo">Test</span>
    <span class="bar">noch ein Test</span>
</div>
```

Die beiden *span*-Elemente werden durch den Selektor #mytest span gefunden. Wird auf diese Auswahl hasClass("bar") durchgeführt, wird true zurückgegeben, da in der Menge ein Element zur Klasse *bar* gehört.

```
$("#mytest span").hasClass("bar");
```

removeClass(name): Elemente aus einer Klasse entfernen   Mit *removeClass(name)* kann man mehrere Elemente aus einer Klasse entfernen. Das bedeutet, dass der entsprechende Klassenname aus dem Attribut *class* des Elements entfernt wird. Wird die Methode auf einem Element ausgeführt, das nicht zu dieser Klasse gehört, wirkt sich das nicht auf das Element aus.

Wird die Methode auf den Selektor #mytest span mit dem Parameter foo angewandt, wird das erste Element aus der Klasse *foo* entfernt; das zweite Element wird nicht verändert.

```
$("#mytest span").removeClass("foo");
```

Analog zur Methode *addClass* kann auch *removeClass* eine Callback-Funktion übergeben werden. Die Parameter sind dabei identisch; entfernt werden alle Klassen, die die Callback-Funktion als leerzeichenseparierte Liste zurückgegeben hat.

toggleClass(name, switch): Zugehörigkeit zur Klasse wechseln. Die Methode *toggleClass(name)* wechselt die Zugehörigkeit eines Elements zu einer Klasse. Ist ein Element nicht in der Klasse *name* enthalten, wird es hinzugefügt; falls es bereits Mitglied der Klasse *name* ist, wird es entfernt.

Ein zweiter optionaler Parameter gibt an, ob die Klasse dabei hinzugefügt oder entfernt werden soll. Ist der zweite Parameter true, wird die Klasse hinzugefügt, bei false wird sie entfernt.

Im folgenden Beispiel wird für jedes *p*-Element, das ein Nachfahr eines *div*-Elements ist, die Zugehörigkeit zur Klasse *example* gewechselt.

```
$("div p").toggleClass("example");
```

Wie der Methode *addClass* kann auch *toggleClass* eine Callback-Methode zum dynamischen Setzen der Klassennamen übergeben werden.

HTML

Eine wichtige Funktion von jQuery ist das Lesen und Schreiben von HTML. Die Bibliothek stellt mehrere Funktionen bereit, um schnell und bequem HTML direkt manipulieren zu können.

html(): HTML eines Elements auslesen. Die Methode *html* liefert den gesamten HTML-Baum unterhalb des ersten Elements des aktuellen Selektors. Diese Methode ist vergleichbar mit der Eigenschaft *innerHTML* eines Document Node.

Im Folgenden werden ein kleiner HTML-Quelltext und anschließend die Anwendung von html() mit passendem Selektor sowie die daraufhin generierte Ausgabe gezeigt.

Ausschnitt eines exemplarischen HTML-Quelltexts:

```
<div id="test">
    <ul>
        <li>first Listitem</li>
        <li>second Listitem</li>
    </ul>
</div>
```

Beispiel für die Ausgabe des Quelltexts für das Element #test:

```
alert($("div#test").html());
```

Und so sieht dann die Ausgabe aus:

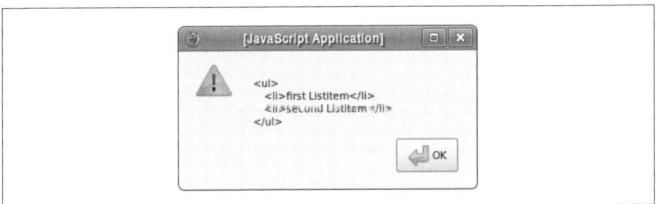

Abbildung 4-1: *Ausgabe des Quellcodes*

html(string): HTML eines Elements setzen. Um das HTML eines Elements zu setzen, muss die Methode *html* nur um einen Parameter (einen *String*, der das HTML enthält) ergänzt werden. Das überschreibt für jedes Element des aktuellen Selektors den HTML-Inhalt.

Im folgenden Beispiel wird das *div*-Element mit der ID *test* mit dem Inhalt <p>Beispiel Absatz</p> überschrieben:

```
$("div#test").html("<p>Beispiel Absatz</p>");
```

html(callbackFn): HTML von Elementen dynamisch setzen Statt eines einfachen Strings kann man der Methode *html* auch eine Callback-

Funktion übergeben. Diese wird mit dem numerischen Index des aktuellen Elements sowie der aktuellen HTML-Zeichenkette als Parametern aufgerufen. Als Rückgabewert der Callback-Methode wird auch HTML erwartet.

Im folgenden Beispiel wird die Methode *html* verwendet, um Elemente zu wrappen:

```
$("div.paragraph").html(function(i, html) {
    return "<div id=\"p-" + i + "\">" + html + "</p>";
);
```

text(): Elemente als Text. Die Methode *text* erzeugt aus allen Elementen des aktuellen Selektors eine Zeichenkette, die den Inhalt aller Elemente enthält. Die Zeichenkette wird dabei ohne spezielle Trennzeichen generiert. Ein Trennzeichen könnte z. B. das Leerzeichen sein; das folgende Beispiel verdeutlicht das anhand von zwei Absätzen:

```
<p>Hallo</p>
<p>Welt</p>
```

Wird der Inhalt dieser Elemente mit text() geholt, wird Hallo Welt ausgegeben.

```
alert($("p").text());
```

text(string): Text von Elementen setzen. Mit der Methode *text(string)* kann man analog zur *html(string)*-Methode den Inhalt von Elementen setzen, wobei der übergebene String nicht als HTML interpretiert wird. Diese Methode überschreibt in jedem Element des Selektors den Inhalt mit dem übergebenen String. Der String wird dabei als Text Node generiert, so dass z. B. Tags anschließend im Klartext angezeigt werden.

Im folgenden Beispiel wird der Inhalt aller <p>-Elemente mit der Zeichenkette foo überschrieben. Der Browser zeigt diese Zeichenkette inklusive der Tags an.

```
$("p").text('<span>foo</span>');
```

text(callbackFn): Text von Elementen dynamisch setzen. Durch die Angabe einer Callback-Funktion als erster Parameter kann man den

Text von Elementen dynamisch setzen. Der Callback-Funktion werden zwei Parameter übergeben: als erster der numerische Index in der aktuellen Sammlung, als zweiter der aktuelle Textinhalt. Die Rückgabe der Callback-Methode wird als neuer Text gesetzt.

Im folgenden Beispiel werden die Texte jedes zweiten Paragrafen umgewandelt:

```
$("p").text(function(i, txt) {
    if (i%2 == 0) return txt.toLowerCase()
    return txt;
);
```

Methoden für das Ändern von Formularelementen

val(): aktueller Wert eines Elements

Die Methode *val* liefert den Wert des ersten Formularelements. Bei *select*-Elementen entspricht das dem *value*-Attribut oder Textinhalt des ausgewählten *option*-Elements; analog verhält es sich mit *input*-Elementen vom Typ *radio*, bei denen der Wert des ausgewählten Elements ausgegeben wird. Bei Checkboxen wird 1 bzw. true geliefert, wenn diese angeklickt sind. Bei allen anderen Elementen wird der Wert des Attributs *value* ausgegeben.

Das folgende Beispiel gibt den Wert des ersten Eingabeelements vom Typ *text* aus:

```
alert($("input[type=text]"));
```

val(wert): den Wert eines Eingabeelements setzen

Mit *val(wert)* kann man den Wert eines Eingabeelements setzen. Diese Methode setzt bei allen *input*-Elementen das Attribut *value*; um Checkboxen oder Radioelemente zu aktivieren, sollte das entsprechende Attribut *checked* auf den Wert true gesetzt werden. Bei *select*-Elementen wird derjenige *option*-Eintrag ausgewählt, der dem übergebenen Parameter entspricht, oder aber der erste Eintrag.

```
<input type="text" id="username" name="username" />
…
$("#username").val("Andreas");
```

val(callbackFn): den Wert eines Eingabeelements dynamisch setzen

Mit *val(callbackFn)* kann man den Wert eines Eingabeelements abhängig von einem eventuell bestehenden Wert setzen.

Die übergebene Callback-Funktion bekommt zwei Parameter: Der erste ist ein numerischer Index des Elements in der aktuellen Sammlung, der zweite der alte Wert des Elements, das verarbeitet wird. Die Callback-Funktion wird im Kontext des aktuellen Elements ausgeführt. Der Rückgabewert wird dem Eingabeelement zugewiesen.

Im nachfolgenden Beispiel wird der Wert des Eingabefelds abhängig von verschiedenen Parametern des aktuellen Eingabefelds gesetzt.

```
$(":input").val(function(i, val){
   if (this).is(":checkbox") {
   return true;
   } else if (val == "hello") {
   return "Hallo";
   }
   return val;
});
```

Kapitel 5

DOM-Elemente

In diesem Kapitel werden Methoden vorgestellt, mit denen man direkt mit *DOM Nodes* arbeiten kann. Im Abschnitt Attribute im letzten Kapitel wurden bereits Methoden vorgestellt, mit denen man Attribute und Inhalte manipulieren kann. Das bezog sich allerdings immer nur auf einfache Werte und nicht auf DOM-Elemente als solche. In diesem Abschnitt geht es weniger um Manipulation von Zeichenketten als vielmehr um das Arbeiten mit DOM Nodes.

Die meisten Methoden in diesem Abschnitt liegen indirekt doppelt vor: jeweils in einer Version, in der die Elemente des Selektors als Ziel dienen, und in einer Version, in der diese Elemente in ein anderes Element eingefügt werden.

Für alle nachfolgenden Methoden gilt: Soll ein bestehendes Element eingefügt werden und gibt es mehr als ein Element als Ziel, wird für jedes Zielelement eine Kopie des Quellelements eingefügt. Wenn auf dem Quellelement Events registriert waren, werden diese nicht mitkopiert. Ist dagegen nur *ein* Zielelement vorhanden, wird ohne Kopie gearbeitet, was bedeutet, dass registrierte Events bestehen bleiben.

Innerhalb von Elementen einfügen

Will man ein Element in ein anderes einfügen, muss man berücksichtigen, ob das Zielelement eventuell schon Kindelemente hat. Für diesen Fall stellt jQuery zwei Methoden bereit, und zwar um Elemente vor dem ersten Kindelement und nach dem letzten Kindelement einzufügen. Kompliziertere Einfügeoperationen können mit den Methoden aus dem Abschnitt Elemente außen einfügen realisiert werden.

append(content): Element nach letztem Kind einfügen

Diese Methode hängt *content* hinter das letzte Kind jedes Elements des aktuellen Selektors. Der Parameter *content* kann dabei HTML-Text oder ein Array von Dokumentelementen bzw. ein einzelnes Element sein. Wenn *content* ein String mit HTML-Quellcode ist, wird für jedes Element des aktuellen Selektors der Quellcode in HTML-Elemente umgewandelt und angehängt. Wenn *content* dagegen selbst ein Element oder eine Gruppe von Elementen ist, wird für jedes Element eine Kopie von *content* erzeugt und angehängt.

HTML-Ausschnitt für die folgenden Beispiele:

```
<span id="source"> Element</span>
<div id="test">
    <ul>
        <li>first</li>
        <li>second</li>
    </ul>
</div>
```

Beispiel 1: Ein vorhandenes Element soll angehängt werden.

```
$("#test ul li").append($("span#source"));
```

Beispiel 2: HTML soll angehängt werden.

```
$("#test ul li").append('<span> Elem.</span>');
```

append(callbackFn): Element nach letztem Kind einfügen

Alternativ zur Angabe eines konkreten Parameters kann die Funktion *append* auch den Rückgabewert einer Callback-Funktion setzen. Die Callback-Funktion bekommt dabei die numerische Position des aktuellen Elements in der Sammlung sowie den alten *html*-Wert des Elements als Parameter übergeben.

Als Rückgabe der Callback-Funktion wird eine HTML-Zeichenkette erwartet.

```
$("p").append(function(i) {
    return "<span>" + i + "th Element</span>";
});
```

appendTo(*selector*): Elemente in *selector* einfügen

Die Methode *append* fügt die Elemente der aktuellen Auswahl an die Elemente an, die durch *selector* gefunden werden. Der Rückgabewert dieser Methode ist eine Liste aller eingefügten Elemente.

Beispiel: Das Element mit der ID *p_first* soll an jedes Listenelement im Container *#test* angehängt werden.

```
$("#p_first").appendTo("#test li");
```

Dieser Aufruf ist vergleichbar mit dem hier:

```
$("#test li").append($("#p_first"));
```

prepend(content): content als erstes Kind einfügen

Die Methode *prepend* fügt *content* als erstes Kind eines jeden Elements des Selektors ein. Wenn ein Element bereits Kindelemente hat, wird *content* davor eingefügt.

```
$("#test li").prepend("#p_first");
```

So wie *append* kann auch *prepend* eine Callback-Funktion übergeben werden. Die Parameter und deren Bedeutung sind dabei identisch.

prependTo(selector): aktuelle Elementauswahl in selector einfügen

Die Methode *prependTo* fügt in jedes Element die Elemente der aktuellen Elementauswahl ein, das durch *selector* gefunden wird. Der Rückgabewert der Methode sind die eingefügten Elemente.

```
$("#p_first").prependTo("#test li");
```

Elemente außen einfügen

Während im Abschnitt Elemente innen einfügen Elemente innerhalb eines Elements eingefügt wurden, werden in diesem Abschnitt Methoden vorgestellt, mit denen man Element *vor* oder *nach* einem Element einfügen kann.

after(*content*): Elemente hinter einem Element einfügen

Der Aufruf dieser Methode fügt *content* hinter jedem Element der aktuellen Auswahl ein.

```
$("#test li").after('<p>bar</p>');
```

Statt *content* kann der Methode *after* auch eine Callback-Funktion übergeben werden. Diese bekommt als Parameter den numerischen Index des aktuellen Elements und wird im Kontext des Elements ausgeführt. Die Rückgabe der Methode wird dann hinter dem aktuellen Element eingefügt.

```
$("#test li").after(function(i){
    return "<span>Element: " + i + "</span>";
});
```

insertAfter(*selector*): Elemente der aktuellen Auswahl hinter *selector* einfügen

Diese Methode fügt die Elemente des aktuellen Selektors hinter jedem Element ein, das mit *selector* gefunden wird.

```
$("p#p_first").insertAfter("#test li");
```

Dieser Aufruf ist vergleichbar mit dem hier:

```
$("#test li").after($("p#p_first"));
```

before(*content*): *content* vor einem Element einfügen

Diese Methode fügt *content* vor jedem Element des aktuellen Selektors ein.

```
$("#test li").before('<p>foo</p>');
```

Wie der Methode *after* kann auch *before* eine Callback-Funktion statt *content* übergeben werden.

insertBefore(*selector*): Elemente vor Elemente aus *selector* einfügen

Diese Methode fügt die Elemente des aktuellen Selektors vor jedem Element ein, das mit *selector* gefunden wird.

```
$("#p_first").insertAfter("#test li");
```

Dieser Aufruf ist vergleichbar mit dem hier:

```
$("#test li").before($("#p_first"));
```

Um Elemente herum einfügen

Dieser Abschnitt beschreibt drei Methoden, die jeweils abwechselnd die Parameter *html*, *elem* und – abgesehen von *warpAll* – auch *callbackFn* als Parameter übergeben bekommen. Abschließend wird mit *unwrap* eine Methode für den umgekehrten Vorgang vorgestellt.

Der Parameter *html* steht für eine Zeichenkette, die HTML-Quelltext enthält, z. B. "<div></div>". Der Parameter *elem* steht für ein oder mehrere DOM-Elemente. Der Aufruf von *jQuery(selector)* liefert DOM-Elemente zurück.

callbackFn steht für eine Callback-Funktion die die Struktur für den *wrap*-Vorgang liefert.

wrap(*html*): jedes Element mit *html* umschließen

Dieser Methodenaufruf umschließt jedes Element des aktuellen Selektors mit Elementen, die aus *html* generiert werden. Wichtig dabei ist, dass *html* mindestens ein Element enthält, das selbst keine Kindelemente hat, da sonst jedes Element überschrieben wird.

Enthält der Parameter gleich mehrere leere Elemente, wird das Zielelement entsprechend mehrfach eingefügt. Falls nun auf diesem Zielelement Events registriert waren, sind diese anschließend nicht mehr vorhanden, da für die Kopien die Events nicht mitkopiert werden. Als Ausweg bietet sich die Methode *live* oder das Aufsplitten von *wrap* in mehrere Aufrufe an.

Vorher:

```
<div id="test">
    <p>erster P.</p>
    <p>zweiter P.</p>
</div>
```

Auf die *p*-Elemente in diesen Ausschnitt wird nun die Methode *wrap* mit dem Parameter <a href="#top">nach oben</a><div></div> angewandt:

```
$("#test p")
    .wrap('<a href="#top">nach oben</a><div></div>');
```

Das erzeugt folgende Ausgabe (zur Verdeutlichung sind die ursprünglichen Elemente fett markiert):

```
<div id="test">
    <a href="#top">nach oben</a>
    <div><p>erster P.</p></div>
    <a href="#top">nach oben</a>
    <div><p>zweiter P.</p></div>
</div>
```

wrap(*elem*): jedes Element mit *elem* umschließen

Für jedes Element des aktuellen Selektors kopiert *wrap(elem)* das Element in das erste Vorkommen eines leeren Elements in *elem*. Der Parameter *elem* ist ein einfaches Element, das Kindelemente enthalten darf, von denen aber mindestens eins leer sein muss.

```
$("#test p").wrap($("div.wrapElement:nth(1)"));
```

Statt eines Elements, das der jQuery-Selektor liefert, kann auch ein ganz normales HTML-Element verwendet werden:

```
$("#test p")
    .wrap(document.getElementById('wrapper'));
```

wrap(*callbackFn*): Elemente dynamisch umschließen

Für jedes Element des aktuellen Selektors werden *callbackFn* ausgeführt und die Rückgabe für das Wrappen des aktuellen Elements verwendet.

```
$("img").wrap(function(){
    return "<div title=\"" + $(this).attr("alt") + "\"></div>";
});
```

wrapAll(*html*): alle Elemente in *html* wrappen

Während *wrap(html)* und *wrap(elem)* jedes Element des Selektors für sich selbst genommen verarbeiten, fasst *wrapAll(html)* alle Elemente des aktuellen Selektors zusammen und umschließt sie mit den HTML-Elementen, die als Parameter übergeben wurden.

Waren die Elemente des Selektors vorher über das Dokument verstreut, werden sie nun an einer Stelle gebündelt. Dieser neue Teilbaum wird an der Position des ersten Elements des Selektors gespeichert.

```
$("p.title").wrapAll('<div id="p_titles"></div>');
```

wrapAll(*elem*): alle Elemente in *elem* wrappen

Wird *wrapAll* ein Element als Parameter übergeben, wird dieses kopiert und alle Elemente des aktuellen Selektors werden eingefügt.

```
$("p.title").wrapAll($("div#p_titles"));
```

wrapInner(*html*): die Kinder jedes Elements mit *html* wrappen

Diese Methode umschließt die Kinder jedes Elements des aktuellen Selektors mit dem HTML-Quelltext, der im Parameter *html* übergeben wurde.

In diesem Beispiel wird der Inhalt aller *div*-Elemente mit der Klasse *pcontainer* jeweils in ein *span*-Element gepackt.

```
$("div.pcontainer").wrapInner('<span></span>');
```

wrapInner(*elem*): die Kinder jedes Elements mit *elem* wrappen

Wird *wrapInner* ein HTML-Element übergeben, wird dieses geklont und für jedes Element des Selektors mit den Kindern des Elements befüllt, sofern Kindelemente vorhanden sind.

In diesem Beispiel werden die Kinder jedes div.pcontainer-Elements in ein neu erzeugtes <span>-Element gepackt.

```
var theElement = document.createElement('span');
$("div.pcontainer").wrapAll(theElement);
```

wrapInner(*callbackFn*): die Kinder jedes Elements dynamisch wrappen

Diese Methode umschließt die Kinder jedes Elements mit der Rückgabe der übergebenen Callback-Funktion. Die Funktion wird im Kontext des aktuellen Elements ausgeführt.

Im nachfolgenden Beispiel werden für alle Elemente der aktuellen Auswahl Wraps mit dynamisch gesetzten Klassennamen erstellt.

```
$("div.pcontainer").wrapInner(function(){
    return "<div class=\"" + this.nodeName + "\"></div>";
});
```

unwrap(): das Elternelement entfernen

Mit der Methode *unwrap* wird der jeweilige direkte Vorfahr jedes Elements der aktuellen Auswahl entfernt. Die Verbindung zum DOM-Baum wird dabei nicht gelöst.

Ersetzen

In diesem Abschnitt werden zwei Methoden vorgestellt, mit denen Inhalte ersetzt werden können. Dabei gibt es zwei Richtungen: *replaceWith* ersetzt die Elemente des aktuellen Selektors durch die Elemente, die im Parameter übergeben werden. *replaceAll* ersetzt alle Elemente, die durch den übergebenen Selektor gefunden werden, durch die des aktuellen Selektors.

replaceWith(*html*): ersetzt Elemente durch die Elemente, die in *html* beschrieben werden

Wird die Methode *replaceWith* mit HTML-Quelltext als Parameter aufgerufen, wird jedes Element des aktuellen Selektors durch die im Parameter *html* definierten Elemente ersetzt. Als Rückgabewert liefert die Methode alle Elemente, die ersetzt worden sind; das ist vor allem dann praktisch, wenn man diese Elemente weiterverarbeiten möchte.

In diesem Beispiel wird jede horizontale Linie durch ein *div*-Element ersetzt:

```
$("hr").replaceWith('<div class="hlinie">Linie</div>');
```

replaceWith(*elem*): ersetzt Element durch die übergebenen Elemente

Wenn *replaceWith* mit einem Element als Parameter aufgerufen wird, wird jedes Element des Selektors durch eine Kopie des übergebenen Elements ersetzt. Rückgabewert der Methode sind die ersetzten Elemente.

```
$("hr").replaceWith($("div.hlinie:nth(1)"));
```

Statt eines Elements kann man auch eine Callback-Funktion übergeben. Dann wird für jedes Element der aktuellen Auswahl diese Funktion ausgeführt und die Rückgabe für das Ersetzen verwendet.

replaceAll(*selector*): mit Elementen des aktuellen Selektors alle Elemente des übergebenen Selektors überschreiben

Die Methode *replaceAll* verhält sich komplementär zu *replaceWith*: Sie nutzt die Elemente des aktuellen Selektors, um damit die Elemente zu überschreiben, die durch den übergebenen Parameter *selector* gefunden werden.

Dabei ist zu beachten, dass *replaceAll* – wie alle Methoden, die mit mehreren Elementen im Selektor arbeiten können – diese Operation pro Element des Selektors einmal ausführt.

```
$('<div>This is Patrick!</div>')
        .replaceAll("p.replace");
```

Entfernen

In diesem Abschnitt werden zwei Methoden zum Löschen von Elementen vorgestellt.

detach(selector): Elemente lösen

Die Methode *detach* löst alle Elemente des aktuellen Selektors aus dem Dokument und gibt sie zurück. Gespeicherte Daten und Event-Handler werden dabei nicht gelöscht.

Im folgenden Beispiel werden alle Absätze herausgelöst, damit sie dann an anderer Stelle eingefügt werden können.

```
var ps = $("p").remove();
$("#second").after(ps);
```

empty(): Inhalte löschen

Die Methode *empty* entfernt aus allen Elementen des aktuellen Selektors alle Kindelemente inklusive Text Nodes.

Im folgenden Beispiel werden alle Absätze geleert:

```
$("p").empty();
```

remove(): Elemente löschen

Die Methode *remove* entfernt alle Elemente des aktuellen Selektors aus dem Dokument und gibt sie zurück. Dabei werden auch zwischengespeicherte Daten und registrierte Event-Handler gelöscht.

Im folgenden Beispiel werden alle Absätze gelöscht.

```
$("p").remove();
```

remove(selector): Elemente löschen

Wird der Methode *remove* ein Selektor als Parameter übergeben, wird die Auswahl der zu löschenden Elemente durch den Selektor eingeschränkt. Es werden dann alle Elemente des aktuellen Selektors gelöscht, auf der übergebene Selektor zutrifft.

In diesem Beispiel werden alle Absätze gelöscht, die der Klasse *removeable* angehören:

```
$("p").remove(".removable");
```

Kopieren

Mit der hier vorgestellten Methode kann jQuery Elemente kopieren.

clone(): Elemente kopieren

Die Methode *clone* erzeugt von allen Elementen des aktuellen Selektors eine Kopie und gibt die Kopien der Elemente des Selektors zurück. Event-Handler, die auf den Quellelementen registriert waren, werden nicht mitkopiert.

In diesem Beispiel werden alle Absätze kopiert und die Kopien in das Element mit der ID *kopien* eingefügt.

```
$("p").clone().appendTo("#kopien");
```

clone(true): Elemente kopieren und dabei Event-Handler beibehalten.

Wenn der Methode *clone* der Wert true als Parameter übergeben wird, werden Event-Handler, die auf den Quellelementen registriert waren, auch auf die Zielelemente registriert.

Elemente erstellen

In diesem Abschnitt soll gezeigt werden, wie man mit jQuery schnell und einfach Elemente erzeugen kann.

Elemente aus HTML-Quelltext erzeugen. Um mit jQuery schnell ein oder mehrere Elemente zu erzeugen, reicht es aus, statt eines Selektors HTML-Quelltext als Parameter an die jQuery-Funktion zu übergeben. Das erzeugt direkt entsprechende Elemente und macht sie für die weitere Verarbeitung verfügbar.

In diesem Beispiel wird ein *div*-Container erzeugt und zurückgegeben:

```
var elem = $("<div></div>");
```

Es ist natürlich auch möglich, direkt auf dem Element zu arbeiten:

```
$("<div></div>")
    .attr("id", "neuesElement")
    .appendTo("#newElements");
```

Das Attribut id kann aber auch direkt im Quelltext angegeben werden:

```
$('<div id="neuesElement"></div>')
    .appendTo("#newElements");
```

Es ist natürlich auch möglich, gleich mehrere Elemente mit einem Aufruf zu erzeugen:

```
$("#newElements").append('<h1>Titel</h1><p>ein Absatz</p>');
```

Elemente mit DOM-Funktionen erzeugen. Alle modernen Browser implementieren umfassend die DOM-API, die wiederum mit *createElement* die Möglichkeit bietet, bei Bedarf Elemente zu erzeugen.

In diesem Beispiel wird eine horizontale Linie erzeugt (<hr>) und in das *body*-Element eingefügt.

```
$(document.createElement('hr')).appendTo('body');
```

Weiterhin lassen sich Elemente durch Kopieren erzeugen; eine genauere Beschreibung dazu finden Sie in diesem Kapitel im Abschnitt Elemente kopieren.

CSS

In diesem Abschnitt wird gezeigt, wie man mit jQuery einfach das Aussehen von Elementen durch das Setzen von *Cascading Style Sheets*-Eigenschaften setzen kann. Der DOM Level 2-Standard definiert mit dem *CSS2Properties*-Objekt eine mächtige API, mit der man gezielt CSS für HTML-Elemente setzen kann. Die jQuery-Bibliothek bündelt den Zugriff auf diese API mit einigen wenigen, aber dafür mächtigen Methoden, mit denen man gezielt CSS-Eigenschaften setzen und bearbeiten kann.

css(name): aktuellen Wert für eine CSS-Eigenschaft ausgeben

Die Methode *css(name)* liefert den aktuellen Wert für die CSS-Eigenschaft, die im übergebenen Parameter *name* angegeben wird. Wenn die Eigenschaft nicht definiert ist, wird der Standardwert ausgegeben. Wird keine gültige CSS-Eigenschaft angegeben, wird ein leerer String zurückgegeben.

```
alert("Abstand nach oben:" + $("body")
    .css("margin-top"));
```

css(properties): Setzen mehrerer CSS-Eigenschaften

Wird der Methode *css* ein Objekt als Parameter übergeben, werden alle Paarungen aus CSS-Name und Wert auf die Elemente der aktuellen Auswahl angewandt.

Im folgenden Beispiel soll eine Formatierung auf alle Absätze angewandt werden; dabei wird zuerst die Definition des CSS-Stils als Objekt erzeugt und dieses anschließend als Parameter übergeben:

```
var pCss = {
// Objekt mit CSS-Eigenschaften
    "font-size": "12px",
```

```
    "font-weight": "bold",
    "padding": "3px"
};
$("p").css(pCss);
```

Im folgenden Beispiel wird dieselbe Formatierung direkt als Objekt an die Methode *css* übergeben:

```
$("p").css({
    fontSize: "12px",
    fontWeight: "bold",
    padding: "3px"
});
```

Während im ersten Beispiel sowohl Namen als auch Werte mit Anführungszeichen maskiert wurden, wurden im zweiten Beispiel nur die Werte maskiert. Im ersten Beispiel war die *Maskierung* der Namen notwendig, da hier dieselbe Nomenklatur verwendet wurde, wie es bei CSS üblich ist. Die Maskierung ist dann notwendig, wenn der Name ein Minuszeichen enthält, was in JavaScript als mathematischer Operator gewertet wird. Durch die Maskierung ist die Verwendung des Minuszeichens im Namen möglich.

Im zweiten Beispiel wurde dagegen die Nomenklatur verwendet, die im DOM Level 2-Standard definiert ist. Die Regel lautet: Taucht im Namen einer CSS-Eigenschaft ein Minuszeichen auf, wird dieses entfernt und der Buchstabe nach einem Minuszeichen groß geschrieben, was Sie an diesen Beispielen sehen können:

```
font-family wird zu fontFamily
margin-right wird zu marginRight
```

jQuery kommt mit beiden Nomenklaturen zurecht.

css(name, wert): eine einzelne CSS-Eigenschaft setzen

Werden der Methode *css* zwei Zeichenketten als Parameter übergeben, interpretiert sie die erste Zeichenkette als Namen einer CSS-Eigenschaft und die zweite als Wert dieser Eigenschaft. Durch den Aufruf *css(name, wert)* wird die CSS-Eigenschaft *name* auf den Wert *wert* für alle Elemente des aktuellen Selektors gesetzt.

css(name, callbackFn): eine einzelne CSS-Eigenschaft dynamisch setzen

Wird *css* als erster Parameter der Name einer CSS-Eigenschaft und als zweiter eine Callback-Funktion übergeben, wird die entsprechende CSS-Eigenschaft auf die Rückgabe der Callback-Funktion gesetzt.

Die Callback-Funktion bekommt als Parameter den Index des aktuellen Elements sowie den aktuellen Wert der Eigenschaft übergeben.

Das nachfolgende Beispiel setzt die Größe aller <div>-Elemente auf 500 Pixel.

```
$("div").css("width", function(i, val){
    if (val > 500) return 500;
});
```

Positionierung

offset(): Position eines Elements ermitteln

Die Methode *offset* liefert für das erste Element der aktuellen Auswahl die Position relativ zum Dokument. Die Rückgabe besteht aus einem Objekt mit den Eigenschaften *top* und *left*.

Im folgenden Beispiel wird die Position eines bestimmten Elements ausgegeben:

```
var pos = $("#positioniert").offset();
alert("Die Position des Elements von oben: " + pos.top +
    "Px und links: " + pos.left + " Px");
```

offset(coords): Position eines Elements setzen

Übergibt man der Methode *offset* ein Objekt mit den Attributen *top* und *left*, so werden alle Elemente der aktuellen Auswahl auf die entsprechenden Koordinaten relativ zum Dokument gesetzt.

Im folgenden Beispiel wird ein Element positioniert:

```
$("#positioniert").offset({top: 100, left: 100});
```

Alternativ zum Objekt kann man der Methode auch eine Callback-Funktion als Parameter übergeben. Die Funktion wird mit dem numerischen Index des aktuellen Elements in der Sammlung sowie den alten Koordinaten aufgerufen.

Als Rückgabewert wird ein Objekt mit entsprechenden Koordinaten erwartet.

```
$("#positioniert").offset(function(i, pos){
    return {
      top: pos.top+ 10,
      left: pos.left + 5
    };
});
```

offsetParent(): Vorfahren mit Positionierung finden

Diese Methode wird in *offsetParent(): Vorfahr mit Positionierung* beschrieben (siehe Seite 57).

position(): Position relativ zum Elternelement

Die Methode *position* liefert genau wie *offset* die Position eines Elements in Form eines Objekts; im Gegensatz zu *offset* bezieht es sich dabei auf das Elternelement.

scrollTop(): vertikal gescrollte Position eines Elements

Die Methode *scrollTop* liefert für das erste Element des aktuellen Selektors den Abstand in Pixeln, den ein scrollbarer Bereich nach unten gescrollt worden ist. Wenn ein Element nicht scrollbar ist, liefert die Methode 0.

Im folgenden Beispiel wird per *alert* ausgegeben, um wie viele Pixel ein *textarea*-Element bereits nach unten gescrollt worden ist.

```
alert("Textarea wurde um "
    + $("textarea").scrollTop()
    + "px nach unten gescrollt");
```

scrollTop(wert): Element vertikal scrollen

Wird der Methode *scrollTop* ein ganzzahliger Wert als Parameter übergeben, wird jedes Element der aktuellen Auswahl um den entsprechenden Abstand nach oben gesetzt. Jeder übergebene Wert, der kleiner als 0 ist, wird auf 0 gesetzt.

Im folgenden Beispiel wird in einem Event-Listener für alle Links der Klasse *spoilerwarning* zunächst ein *div*-Element sichtbar gemacht und anschließend das Dokument auf die Position 1.000 Pixel heruntergescrollt.

```
$("a.spoilerwarning").click(function(evt){
    $("#spoiler").show();
    $(document).scrollTop(1000);
        evt.preventDefault();
});
```

scrollLeft(): horizontal gescrollte Position eines Elements

Die Methode *scrollLeft* liefert analog zu *scrollTop* die horizontale Scrollposition des ersten Elements des aktuellen Selektors.

Im folgenden Beispiel wird für jedes *div*-Element der Klasse *scrollable* geprüft, ob es gescrollt wurde oder nicht, und abhängig davon eine Klasse gesetzt bzw. entfernt.

```
$("div.scrollable").each(function () {
    if ($(this).scrollLeft() > 0)
        $(this).addClass("scrolled");
            else
        $(this).removeClass("scrolled");
};
```

scrollLeft(val): Elemente horizontal scrollen

Wenn der Methode *scrollLeft* ein ganzzahliger Wert übergeben wird, wird jedes Element der aktuellen Auswahl um den im Parameter übergebenen Wert in Pixeln horizontal gescrollt. Auch hier wird jeder negative Wert, der übergeben wird, auf 0 gesetzt.

Im folgenden Beispiel wird auf alle Links der Klasse *resetPos* ein Klick-Event-Handler registriert, der die Position aller *div*-Elemente der Klasse *scrollable* auf 0 setzt. Wird also ein solcher Link angeklickt, werden alle eventuell horizontal gescrollten Elemente auf ihre Ausgangsposition zurückgesetzt.

```
$("a.resetPos").click(function (evt) {
    evt.preventDefault();
    $("div.scrollable").scrollLeft(0);
});
```

height(): die Höhe eines Elements auslesen

Die Methode *height* gibt die Höhe eines Elements in Pixeln an. Wird die Methode auf eine Auswahl mit mehr als einem Element ausgeführt, wird die Höhe des ersten Elements ausgegeben. Die Höhe des Elements bezieht sich dabei nur auf den Bereich, der mit Inhalt gefüllt werden kann, also abzüglich Außenabstand, Rahmen und Innenabstand.

Im folgenden Beispiel wird bei jeder Größenänderung des Browserfensters die Höhe des sichtbaren Dokuments als Text in ein *div*-Element geschrieben.

```
$(window).resize(function () {
    $("#windowHeight").text("Das Dokument ist "
        + $(window).height() + "px groß.");
});
```

height(pixel): Höhe eines Elements setzen

Wird der Methode *height* ein ganzzahliger Wert übergeben, wird jedes HTML-Element des aktuellen Selektors auf die entsprechende Größe gesetzt. Wird diese Methode auf das *document-* oder das *window*-Objekt angewandt, liefert sie einfach nur die aktuelle Höhe des Elements zurück. Diese Methode ist vergleichbar mit dem Setzen der CSS-Eigenschaft *height* mit der Methode *css*.

Im folgenden Beispiel wird die Höhe jedes *div*-Elements auf 100 Pixel gesetzt:

```
$("div").height(100);
```

Der Aufruf ist vergleichbar mit dem hier:

```
$("div").css("height", "100px");
```

Statt eines konkreten Werts kann man *height* auch eine Callback-Funktion als Parameter übergeben. Dieser Funktion werden beim Aufruf der numerische Index des aktuellen Elements und seine aktuelle Höhe übergeben. Die neue Höhe ergibt sich aus der Rückgabe des Elements.

width(): Breite eines Elements auslesen

Die Methode *width* liefert die aktuelle Breite des ersten Elements der aktuellen Auswahl.

Im folgenden Beispiel wird die Breite des vierten Bilds der Klasse *thumb* in der Variable *tWidth* gespeichert:

```
var tWidth = $("img.thumb").eq(3).width();
```

width(pixel): Breite eines Elements setzen

Wird der Methode *width* ein ganzzahliger Wert übergeben, wird die Breite jedes Elements der aktuellen Auswahl auf diesen Wert gesetzt.

Im folgenden Beispiel wird das *div*-Element mit der ID *content* auf ein Drittel der verfügbaren Breite gesetzt.

```
$(window).resize(function () {
    $("#content")
        .width($(window).width() / 3);
});
```

Statt eines konkreten Werts kann man *width* auch eine Callback-Funktion als Parameter übergeben. Dieser Funktion werden beim Aufruf der numerische Index des aktuellen Elements und seine aktuelle Breite übergeben. Die neue Breite ergibt sich aus der Rückgabe des Elements.

innerHeight(): innere Höhe eines Elements

Diese Methode liefert einen berechneten Wert, der sich aus der Höhe des Elements und dem Innenabstand (*padding*) zusammensetzt.

```
alert("Die Höhe beträgt:"
    + $("#element").innerHeight()
    + "px");
```

innerWidth(): innere Breite eines Elements

Diese Methode liefert für das erste Element der aktuellen Auswahl einen berechneten Wert, der sich aus der Breite des Elements und dem Innenabstand des Elements zusammensetzt.

```
alert("Die Breite beträgt:"
    + $("#element").innerWidth()
    + "px");
```

outerHeight(withMargin): äußere Breite eines Elements

Die Methode *outerHeight* liefert für das erste Element der aktuellen Auswahl einen berechneten Wert, der sich aus der Höhe des Elements, dem inneren Abstand und der Dicke des Rahmens zusammensetzt. Wird als Parameter true übergeben, wird der äußere Rahmen mitberücksichtigt.

Im folgenden Beispiel wird für das gesamte Dokument ein Event-Handler für das Event *click* registriert, der für jedes Element, das angeklickt wird, die Höhe, innere Höhe und äußere Höhe des Elements liefert:

```
$(document).click(function (e) {
    e.preventDefault();
    var et = $(e.target);
    alert("Breite:" + et.width()
        + " innere Breite:" + et.inner()
        + " äußere Breite:" + et.outerWidth());
});
```

outerWidth(withMargin): äußere Breite eines Elements

Diese Methode liefert analog zur Methode *outerHeight* die äußere Höhe eines Elements. Wird als optionaler Parameter true übergeben, wird der äußere Abstand zum nächsten Element mitberücksichtigt.

Im folgenden Beispiel wird die äußere Höhe ohne den Außenabstand in die Variable *oHeight* gespeichert:

```
var oHeight = $("#einElement").outerHeight();
```

KAPITEL 6

Events

Dieses Kapitel behandelt die Verarbeitung von Events mit jQuery. jQuery enthält ein umfangreiches *Event-Modell* mit mehreren Methoden, mit denen man Events dynamisch binden, erzeugen und auch auslösen kann.

Die folgenden Begriffe werden in diesem Kapitel mehrfach auftauchen.

Event-Handler: Funktion zum Verarbeiten von Events. Event-Handler sind ganz gewöhnliche Funktionen, die in der Regel mindestens das Event-Objekt als Parameter übergeben bekommen. Sie können verwendet werden, um Events aufzuhalten, neue Events zu erzeugen oder aber einfach etwas auszuführen, das zu einem Event gehört, zum Beispiel das Öffnen eines Pop-up, wenn ein Link angeklickt wurde.

Callback-Funktion: Werden Referenzen auf Funktionen als Parameter von Methoden übergeben, nennt man das Callback-Funktionen. Diese werden ausgeführt, sobald ein bestimmter Zustand erreicht wird, also zum Beispiel ein *click*-Event ausgelöst wird. Event-Handler sind eine spezielle Form von Callback-Funktionen.

DOM Ready-Event-Handler

ready(fn): Funktion ausführen, sobald das Dokument bereit ist

Mit der Methode *ready(fn)* bindet man eine übergebene Methode an das Event, das ausgelöst wird, sobald das Dokument geladen und bereit für weitere Manipulationen ist. Diese Methode ist besonders wichtig, da die Selector Engine *Sizzle* erst nach Elementen suchen kann, wenn das Dokument geladen ist.

Der Event-Handler-Funktion wird das jQuery-Objekt als Parameter übergeben, was man ausnutzen kann, um die Variable $ verwenden zu können, auch wenn sie bereits von einer anderen Bibliothek benutzt wird.

Im folgenden Beispiel wird eine Funktion ausgeführt, sobald die Seite fertig geladen ist:

```
$(document).ready(function () {
    alert("Die Seite ist fertig geladen");
});
```

Das nachfolgende Beispiel verdeutlicht die Nutzung des optionalen Parameters des Event-Handlers:

```
jQuery(document).ready(function($) {
    $("h1").text("jQuery is great");
});
```

Die Methode *ready* kann abgekürzt werden, indem man der jQuery-Methode eine Funktion als Parameter übergibt.

```
jQuery(function() {
    // Hier steht Code, der ausgeführt werden soll,
    // sobald das DOM bereit ist.
});
```

Auch hier kann man als Parameter für die übergebene Methode das Dollarzeichen verwenden, um damit die jQuery-Methode abzukürzen und im globalen Namensraum die Variable $ anderweitig benutzen zu können.

Im folgenden Beispiel wird der jQuery-Methode eine Funktion übergeben, die wiederum $ als Parameter benutzt. Dadurch lässt sich das Dollarzeichen innerhalb der anonymen Methode als Abkürzung für jQuery benutzen, ohne dabei im globalen Namensraum (erste und fünfte Zeile) den Inhalt von $ zu überschreiben.

```
$ = "Hallo Welt!";
jQuery(function($) {
    $("#title").text("Ich benutze $");
});
alert($);
```

Das Event-Objekt

Die jQuery-Bibliothek benutzt ein eigenes Event-System, das vollständig kompatibel zum Event-System des W3C ist. Das wird erreicht, indem das DOM Level 2-Event-Modell und browserspezifische Weichen verwendet werden, so dass sich das jQuery-Event-Modell in allen unterstützten Browsern identisch verhält.

Dieser Abschnitt beschreibt die Erzeugung von Events und welche Attribute und Methoden ein jQuery-Event hat.

Events erzeugen

Ein neues Event kann durch den Aufruf der jQuery-Methode *Event* erzeugt werden. Es wird ein Parameter erwartet, nämlich der Typ des Events. Er kann einer aus der Liste von vorgegebenen Events sein (siehe die Liste am Ende des Abschnitts Event-Hilfsmethoden).

Auch wenn ein Event ein Objekt ist, ist die Verwendung des *new*-Operators optional.

Im folgenden Beispiel wird ein *focus*-Event erzeugt und anschließend auf ein *input*-Element ausgelöst

```
var evt = jQuery.Event("focus");
jQuery("#testInput").trigger(evt);
```

Das Event kann auch mithilfe des *new*-Operators erzeugt werden.

```
var evt = new jQuery.Event("focus");
jQuery("#testInput").trigger(evt);
```

Attribute eines jQuery-Events

event.type: Typ des Events

Das Attribut *type* ist eine Zeichenkette, die den Typ eines Events angibt. Sie entspricht dem Wert, der dem Event-Konstruktor übergeben wird.

Das folgende Beispiel zeigt einen Event-Handler, der den Typ des Events prüft und abhängig davon verschiedene Formatierungen auf das Element anwendet, auf dem das Event erzeugt wird.

```
var pMouseHandler = function(evt) {
    switch(evt.type) {
        case 'click':
            $(this).css('background','red');
            break;
        case 'mouseover':
            $(this).css('background','silver');
            break;
        case 'mouseout':
            $(this).css('background','inherit');
            break;
    }
}
$("p").bind("click mouseover mouseout", pMouseHandler);
```

event.data: optionale Daten des Events

Dieses Attribut enthält die Daten, die als optionaler Parameter den
Methoden *bind* und *one* übergeben werden können. Werden keine
entsprechenden Daten übergeben, ist dieses Attribut leer.

Im folgenden Beispiel wird der Index jedes Elements in der Auswahl als Parameter beim Binden des Events übergeben.

```
$("p").each(function (idx) {
    $(this).bind("click", { nr: idx }, function(evt) {
        alert("Sie haben das "
            + (evt.data.nr + 1)
            + "te Element angeklickt");
    });
});
```

event.relatedTarget: letztes betroffenes Element

Bei Events, die durch eine Mausbewegung ausgelöst werden, enthält das Attribut *relatedTarget* das damit zusammenhängende Element, das nicht das aktuelle Ziel ist.

Das folgende Beispiel zeigt die Verwendung des Attributs mit dem
mouseenter-Event. Das Beispiel geht davon aus, dass alle sichtbaren Elemente eine eindeutige ID haben.

```
$("").bind("mouseenter", function (evt) {
    alert("Folgendes Element wurde verlassen:"
        + $(evt.relatedTarget).attr("id"));
});
```

event.currentTarget: das aktuelle Element

Das Attribut *currentTarget* enthält das Element, das gerade bearbeitet wird. Durchläuft ein Event mehrere Elemente, zum Beispiel bei einem *mouseover*-Event, enthält *currentTarget* das Element, das gerade verarbeitet wird. Die Event-Handler haben *currentTarget* immer als aktuellen Geltungsbereich, man kann also auch über die Variable *this* darauf zugreifen.

Im folgenden Beispiel wird das Attribut *currentTarget* verwendet, um dem aktuellen Ziel die Klasse *mouseover* dynamisch hinzuzufügen bzw. sie zu entfernen.

```
$("div").bind("mouseenter mouseleave", function(evt) {
    $(evt.currentTarget).toggleClass("mouseover");
});
```

Statt des Attributs *currentTarget* kann auch die Variable *this* verwendet werden:

```
$("div").bind("mouseenter mouseleave", function(evt) {
    $(this).toggleClass("mouseover");
});
```

event.pageX/pageY: Mausposition relativ zum Dokument

Die Attribute *pageX* bzw. *pageY* enthalten die Koordinaten der Maus zu dem Zeitpunkt, an dem das Event ausgelöst worden ist. Diese Attribute werden nicht immer gesetzt und sind nur bei bei bestimmten Events verfügbar.

Im folgenden Beispiel wird der Zugriff auf diese Attribute verdeutlicht.

```
$("#clickTest").click(function(evt) {
    alert("Mausklick auf Position:"
        + evt.pageX + ":" + evt.pageY);}
});
```

event.result: Ergebnis eines Event-Handlers

Das Attribut *result* enthält das Ergebnis eines Event-Handlers, der vor dem aktuellen Event-Handler ausgeführt worden ist.

Im folgenden Beispiel wird zunächst ein Event-Handler auf alle Absätze im Dokument registriert, der sich den Text des Absatzes merkt, den Text im Absatz löscht und ihn anschließend zurückgibt. Der zweite Event-Handler auf den Absätzen benutzt den Rückgabewert des ersten Event-Handlers, um daraus einen neuen Text für den Absatz zu generieren, auf dem der Event ausgelöst worden ist.

```
$("p").click(function(event) {
  var text = $(this).text();
  $(this).text("");
  return text;
});
$("p").click(function(event) {
  $(this).text( "altered:" + event.result );
});
```

event.timeStamp: Zeitpunkt, an dem ein Event ausgelöst wird

Über das Attribut *timeStamp* kann abgefragt werden, wann das Event ausgelöst wurde. *timeStamp* enthält den Erstellungszeitpunkt in Millisekunden und kann mit der JavaScript-Klasse *Date* weiterverarbeitet werden.

Im folgenden Beispiel wird der Zeitpunkt formatiert ausgegeben, an dem ein Element angeklickt worden ist.

```
$("p").click(function(evt) {
  var time = new Date(evt.timeStamp);
  alert("Ereignis ausgelöst: " +
        time.toLocaleString());
});
```

event.namespace: Namespace des Events

Das Attribut *namespace* enthält den Namespace des Events, das ausgelöst worden ist. Wurde das aktuell verarbeitete Event ohne Namespace ausgelöst, entspricht der Namespace einer leeren Zeichenkette.

```
$("p:first").bind("custom.test", function(ev){console.log(ev.namespace);});
$("p:first").trigger("custom"); // liefert einen leeren String
$("p:first").trigger("custom.test"); // in der Konsole wird
test ausgegeben
```

Methoden von Event-Objekten

event.preventDefault(): Standardaktion verhindern

Die Methode *preventDefault* verhindert, dass die normale Aktion ausgelöst wird, die der Browser für das Event vorgesehen hat. Die normale Aktion für das *click*-Event auf einem Link ist das Öffnen des Links; wird in einem Event-Handler für Links die Methode *preventDefault* auf dem Event durchgeführt, wird der Link anschließend nicht mehr geöffnet werden. Genauso verhält es sich mit Formularen und dem *submit*-Event. Wird in einem entsprechenden Event-Handler die Methode *preventDefault* aufgerufen, wird das Absenden des Formulars verhindert.

Das folgende Beispiel zeigt, wie man das Öffnen eines Links verhindern und damit den Link benutzen kann, um zum Beispiel ein verstecktes Overlay einzublenden.

```
$("a.jscriptLink").click(function(evt) {
    evt.preventDefault();
    $("#overlay").fadeIn("slow");
});
```

Im folgenden Beispiel wird das Absenden eines Formulars verhindert, wenn eine bestimmte Prüfung kein positives Ergebnis ergibt.

```
$("#loginform").submit(function(evt) {
    if ($("#passphrase").val() != "jquery ist toll") {
        evt.preventDefault();
        $("#errorMsg")
          .text("Passphrase ungültig")
          .fadeIn(1500)
          .fadeOut(3000);
    }
});
```

Natürlich sollte eine echte Prüfung schlauer und weniger verräterisch sein.

event.isDefaultPrevented(): prüfen, ob die Standardaktion ausgeführt werden soll

Diese Methode liefert true, wenn die Methode *preventDefault* bereits aufgerufen worden ist. Das ist besonders interessant, wenn mehrere Event-Handler auf ein Event registriert worden sind.

Im folgenden Beispiel wird ein Event-Handler auf Links registriert, der ein visuelles Feedback gibt, wenn das Öffnen eines Links verhindert wurde.

```
$("a").click(function(evt) {
    if (evt.isDefaultPrevented()) {
        alert("Link wird nicht geöffnet werden!");
    }
});
```

event.stopPropagation(): Ereignisbenachrichtigung stoppen

Das W3C-Modell für Events sieht vor, dass ein Event in seiner so genannten *Bubbling-Phase* von dem Element, auf dem das Event ausgelöst wurde, allen Vorfahren ab dem Elternelement das Event übergibt. So können dort registrierte Event-Handler auch auf das Event reagieren. Dieser Vorgang wird *Propagation* genannt und lässt sich mit der Methode *stopPropagation* abbrechen.

Wird diese Methode in einem Event-Handler aufgerufen, wird die Propagation unterbrochen, das heißt, dass keine weiteren Vorfahren von diesem Event in Kenntnis gesetzt werden. Event-Handler, die für den aktuellen Event-Typ auf einem Vorfahren registriert worden sind, werden dann nicht ausgeführt.

Das Unterbrechen der Propagation kann aber nicht verhindern, dass weitere Event-Handler auf dem Ursprungselement ausgeführt werden.

Im folgenden Beispiel soll gewährleistet werden, dass ein Event nur dann an das jeweilige Elternelement übergeben wird, wenn das aktuelle Element eine bestimmte Klassenzugehörigkeit hat.

```
$("div, span, li, td, p").click(function(evt) {
    if (!$(this).hasClass('bubbleEvents'))
        evt.stopPropagation();
});
```

event.isPropagationStopped(): prüfen, ob ein Event weiter propagiert werden soll

Die Methode *isPropagationStopped* liefert true, wenn die Methode *stopPropagation* auf einem Event aufgerufen worden ist.

Im folgenden Beispiel wird für die Event-Typen *click* und *mouseenter* auf den Elementtypen *p* und *div* ein Event-Handler registriert, der immer dann ein neues Element in das Element mit der ID *debug* einfügt, wenn die Event-Propagation unterbrochen wurde.

```
$("p, div").bind("click mouseenter", (function(evt) {
    if (evt.isPropagationStopped()) {
        $("#debug")
            .prepend("<p>Event wird nicht weiterpropagiert
                    werden.</p>");
    }
});
```

event.stopImmediatePropagation()

Der Aufruf der Methode *stopImmediatePropagation* sorgt dafür, dass nach der Abarbeitung des Event-Handlers, in dem die Methode aufgerufen wird, keine weiteren Event-Handler aufgerufen werden, unabhängig davon, ob sie auf das aktuelle Element oder einen Vorgänger registriert wurden.

Im folgenden Beispiel wird das Verarbeiten weiterer Event-Handler für Links unterbrochen:

```
$("a.noBubbling").click(function(evt) {
    evt.stopImmediatePropagation();
});
```

event.isImmediatePropagationStopped(): prüfen, ob weitere Event-Handler ausgeführt werden sollen. Die Methode *isImmediatePropagationStopped* liefert true, wenn die Methode *stopImmediatePropagation* aufgerufen wurde.

Das folgende Beispiel erzeugt zwei Dialogfenster, von denen das erste den Inhalt false und das zweite den Inhalt true hat.

```
$("#stopImmediate").click(function(evt) {
    alert(evt.isImmediatePropagationStopped());
    evt.stopImmediatePropagation();
    alert(evt.isImmediatePropagationStopped());
});
```

Event-Namensräume

In den meisten Fällen wird man keine eigenen Events erzeugen, sondern auf die vordefinierten Event-Typen zurückgreifen. Dabei kann schnell das Problem entstehen, dass man auf einen Event-Typ mehrere Event-Handler registriert und einen davon entfernen will.

Für genau diese Problematik wurden in jQuery für Events Namensräume eingeführt. Event-Namensräume sind in verschiedener Hinsicht vergleichbar mit dem Klassenattribut von HTML-Elementen.

So wie ein Element mehreren Klassen angehören kann, kann man einen Event-Handler für mehrere Namensräume eines Event-Typs registrieren. Auch gleicht die Nomenklatur dieser Namensräume der der Klassen in CSS und den Selektoren. Benutzt man für verschiedene Event-Typen einen gemeinsamen Namensraum, kann man alle Event-Handler, die für diesen Namensraum registriert wurden, mit einem einzigen Methodenaufruf entfernen.

Im nachfolgenden Beispiel wird ein Event-Handler erst an ein normales Event gebunden, und anschließend zwei weitere Event-Handler an Events mit verschiedenen Namensräumen.

```
$("p").bind("click", function() {
    alert("Event click ausgelöst");
});
$("p").bind("click.namensraum", function(ev) {
    alert("Event-Handler für den Namensraum " + ev.namespace);
});
$("p").bind("click.plugin", function() {
        alert("Ein weiterer Event-Handler");
});
```

Anschließend werden verschiedene Events ausgelöst, wobei die Zugehörigkeit zum Namensraum entscheidet, ob der Event-Handler ausgelöst wird.

```
$("p").trigger("click");
// Alle drei Event-Handler werden ausgeführt.

$("p").trigger("click.namensraum");
// Nur der Event-Handler für click.namensraum
// wird ausgelöst.
```

Nun wird ein Event-Handler an zwei Namensräume gebunden.

```
$("p").bind("click.namensraum.plugin", function() {
    alert("ich tanze auf zwei Hochzeiten");
});
```

Es werden ein weiteres Event für *namensraum* gebunden ...

```
$("p").bind("mouseover.namensraum", function () {
    $(this).css("font-weight", "bold");
});
```

... und schließlich alle Event-Handler für den Namensraum entfernt.

```
$("p").unbind(".namensraum");
```

Das entfernt die Event-Handler für *mouseover* und *click*, da beide zur selben Klasse *namensraum* gehörten.

Behandeln von Events

Die in diesem Kapitel vorgestellten Methoden stellen die Grundlage für das Event-Handling von jQuery dar. Die Methoden bieten einen vereinfachten Zugriff auf das DOM Level 2-Event-Handling und davon abweichende browserspezifische Implementierungen.

bind(type, data, fn): einen Event-Handler an Elemente binden

Die Methode *bind* bindet an alle Elemente der aktuellen Auswahl die übergebene Funktion *fn* als Event-Handler für alle in *type* angegebenen Event-Typen. Optional kann ein Objekt als zusätzlicher Parameter angegeben werden, das im Event-Handler als Attribut *data* des Events verfügbar ist.

Der Parameter *type* kann mehrere Event-Typen enthalten, die mit Leerzeichen getrennt werden müssen.

Wird statt einer Methode als Event-Handler der boolesche Wert *false* übergeben, wird bei Auftreten des Events das Event-Bubbling verhindert und die Vorgabeaktion abgebrochen, sofern es geht.

Im folgenden Beispiel wird für alle Links des Dokuments ein Event-Handler für das Event *click* gebunden.

```
$("a").bind("click", function (evt) {
  $(evt.currentTarget).css("font-weight","bold");
});
```

Das nachfolgende Beispiel zeigt, wie man mehrere Events gleichzeitig binden kann.

```
$("td").bind("mouseenter mouseleave", function(evt) {
  if (evt.type == "mouseenter")
    $(this).addClass("highlight");
  else
    $(this).removeClass("highlight");
});
```

Das nachfolgende Beispiel zeigt die Verwendung des optionalen Parameters für die Übergabe von Daten an den Event-Handler.

```
$("p").each(function (index) {
  $(this).bind("click", { nr: index }, function(evt) {
      alert("Sie haben das "
          + (evt.data.nr + 1)
          + "te Element angeklickt");
  });
});
```

Im folgenden Beispiel sehen Sie, wie man für Elemente die Vorgabeaktion eines Event-Typs verhindern kann.

```
$("a.prevent").bind("click", false);
// Links der Klasse prevent werden bei click nicht mehr
geöffnet.
```

bind(map): mehrere Event-Handler binden

Müssen an ein Element mehrere Event-Handler gebunden werden, kann das unter Verwendung einer Map erfolgen. Die Map enthält dabei alle Event-Handler, die an die Elemente der aktuellen Sammlung gebunden werden sollen; die Schlüssel für die Event-Handler sind dabei die Eventtypen.

```
var evMap = {
  click: function(){ alert("element angeklickt"); },
   dblclick: function(ev){ $(this).toggleClass("doppelklick")
}
}
$("div.beispiel").bind(evMap);
// Event-Handler für click und dblclick werden gebunden.
```

one(type, data, fn): Events nur einmal verarbeiten lassen

Die Methode *one* ist identisch zur Methode *bind*, mit dem Unterschied, dass die Event-Handler nach der ersten Ausführung automatisch entfernt werden und damit nicht auf ein weiteres Event reagieren werden.

```
$("#fontBigger").one("click", function(evt) {
    $("#content").toggleClass("makeBigger");
});
```

Wird nun das Element mit der ID *fontBigger* zweimal angeklickt, führt nur der erste Klick zum Aufruf den übergebenen Event-Handler aus.

```
$("#fontBigger").trigger("click");
// #content bekommt die Klasse makeBigger dazu.
$("#fontBigger").trigger("click");
// Event-Handler wird nicht aufgerufen.
```

trigger(event, data): ein Event auslösen

Die Methode *trigger* kann benutzt werden, um Events auszulösen. Als Parameter erwartet diese Funktion entweder den Typ des Events, ein bereits erzeugtes Event-Objekt oder aber ein Objekt, das das Attribut *type* in Form einer Zeichenkette enthält. Optional kann zusätzlich ein Array als zweiter Parameter übergeben werden; die Elemente des Arrays werden dem Event-Handler als zusätzliche Parameter übergeben.

Die Events, die mit dieser Methode ausgelöst werden, führen auch zu Aktionen des Browsers, z. B. zum Öffnen eines Links, wenn auf einem Link das *click*-Event ausgelöst wird.

Das nachfolgende Beispiel zeigt, wie ein *click*-Event auf Links ausgelöst wird.

```
$("a").trigger("click");
```

Das nächste Beispiel zeigt die Verwendung eines Event-Objekts.

```
var linkEvent = jQuery.Event("click");
$("a").trigger(linkEvent);
```

Im folgenden Beispiel wird ein einfaches Objekt für das Auslösen des Events verwendet.

```
var simpleEvent = {
    type : "submit",
    myAttribute: "foo"
};
$("form").trigger(simpleEvent);
```

Das letzte Beispiel verdeutlicht die Verwendung des optionalen Parameters für die Übergabe von Daten an den Event-Handler.

```
$("p").bind("click", function(evt, a, b) {
    alert("Parameter a:" + a + ", Parameter b:" + b);
});
$("p:first").trigger("click", [ "Hallo" , "Welt" ]);
// Ausgabe: Parameter a:Hallo, Parameter b:Welt
```

triggerHandler(event, data): Event-Handler für ein bestimmtes Element laufen lassen

Die Methode entspricht der Methode *trigger*, mit dem Unterschied, dass die Verarbeitung der Events durch den Browser nicht stattfindet und die Methode nur auf das erste Element der aktuellen Auswahl angewandt wird. Der Rückgabewert der Methode ist der Rückgabewert der Event-Handler.

Im folgenden Beispiel wird auf dem ersten gefundenen *p*-Element das Event vom Typ *click* ausgelöst. Dadurch werden alle Event-Handler aufgerufen, die für dieses Event auf dem ersten *p*-Element registriert wurden.

```
$("p").triggerHandler("click");
```

unbind(type, fn): Event-Handler entfernen

Die Methode *unbind* entfernt für alle Elemente der aktuellen Auswahl Event-Handler. Wird kein Parameter übergeben, werden alle Events entfernt, die für diese Elemente registriert waren. Wird der Typ der Events angegeben, werden nur die Event-Handler für die übergebenen Typen entfernt. Optional kann zusätzlich eine Referenz auf den Event-Handler angegeben werden, der entfernt werden soll; in diesem Fall wird nur der übergebene Event-Handler entfernt. Weiterhin kann durch die Angabe des booleschen Werts *false* das Verhindern der Event-Verarbeitung gestoppt werden.

Im folgenden Beispiel werden alle Event-Handler für alle Links entfernt:

```
$("a").unbind();
```

Im nächsten Beispiel werden Event-Handler für die Events *click* und *mouseenter* entfernt.

```
$("a").unbind("click mouseenter");
```

Das letzte Beispiel zeigt das Entfernen eines konkreten Event-Handlers; das Wesentliche an diesem Beispiel ist, dass bei der Bindung des Event-Handlers für ein Event nur eine Referenz des Event-Handlers übergeben wird.

```
var myHandler = function (evt) {
    alert("Event ausgelöst");
};
$("p").bind("click", function () {});
$("p").bind("click", myHandler);
// Bindet myHandler als Event-Handler.
$("p").unbind("click", myHandler);
// Entfernt nur myHandler.
$("a").unbind("click", false);
```

Dynamische Event-Handler-Bindung

Werden als Folge eines Ajax-Aufrufs neue Elemente in die Seite eingefügt, für deren Typ bereits Event-Handler gebunden wurden, werden diese neue Elemente ohne erneutes Binden der Event-Handler nicht auf Events reagieren. Abhilfe schafft die *live*-Methode, die für neu erzeugte Elemente automatisch Event-Handler registriert, falls sie bereits mit der Methode *live* gebunden wurden.

Eine weitere Möglichkeit, Event-Handler dynamisch zu binden, ist eine Technik namens *Event Delegation*, bei der der Handler an ein übergeordnetes Element gebunden wird; erst zur Laufzeit wird über die Eigenschaft *event.target* entschieden, ob und wofür der Event-Handler ausgeführt werden soll.

delegate(selector, type, *data*, fn): Event-Handler delegieren

Die Methode *delegate* dient einem ähnlichen Zweck wie die Methode *live*. Im Gegensatz zu *live* bindet *delegate* aber tatsächlich nur einen einzigen Event-Handler pro Event-Typ. Dabei wird die Tatsache ausgenutzt, dass bei Auftreten eines Event für ein Element alle Vorgänger des Elements benachrichtigt werden. Dieser Vorgang wird als *Event Bubbling* bezeichnet.

Die Methode *delegate* bedient sich dieser Tatsache und prüft bei jedem Vorkommen des Events, für das ein Event-Handler gebunden wird, ob das für ein Element ausgeführt worden ist, das dem übergebenen Selektor entspricht.

Wie der Methode *bind* kann man auch *delegate* optional als dritten Parameter ein Array mit Daten übergeben, auf die ein Event-Handler mit *event.data* zugreifen kann.

```
$("table.example").delegate("td.clickable", "click", function
(ev) {
    alert("Tabellenzelle angeklickt!");
});
```

undelegate(*selector, type, handler*): delegierten Event-Handler entfernen

Die Methode *undelegate* entfernt einen Event-Handler, der für einen bestimmten Selektor an die Elemente der aktuellen Auswahl gebunden worden ist. Als erster Parameter wird der Selektor erwartet, für den die Event-Handler entfernt werden sollen. Ist kein Parameter angegeben, werden alle Event-Handler gelöscht.

Die Auswahl der zu entfernenden Event-Handler kann durch einen optionalen zweiten und dritten Parameter verfeinert werden. Dabei wird bei Vorhandensein des zweiten Parameters angenommen dass dieser den Event-Typ festlegt, für den die Event-Handler entfernt werden sollen. Der dritte Parameter kann ein Verweis auf einen konkreten zu entfernenden Event-Handler sein. Wird ein entsprechender Verweis angegeben, wird nur dieser konkrete Event-Handler für den angegebenen Selektor und Event-Typ entfernt.

```
$("table.example").undelegate("td.clickable", "click");
// Entfernt alle Event-Handler, die an table.example gebunden
wurden und an
// td.clickable delegiert werden.
```

live(type, fn): Event-Handler an einen Elementtyp binden

Die Methode *live* sorgt dafür, dass der übergebene Event-Handler *fn* an alle Elemente gebunden wird, die durch den aktuellen Selektor beschrieben werden. An Elemente, die nach dem Binden des Event-Handlers erzeugt werden und dem Selektor entsprechen, wird automatisch der Event-Handler gebunden.

Im folgenden Beispiel wird für das *click*-Event auf allen Absätzen ein Event-Handler gebunden, der ein Hinweisfenster öffnet; das gilt allerdings nicht für den dynamisch erzeugten Absatz, der am Ende der Seite eingefügt wird.

```
$("p").click(function () {
    alert("Absatz angeklickt!");
});
$("body").append("<p>Neuer Absatz</p>");
```

Damit der Event-Handler für den neuen Absatz auch gültig ist, muss man ihn entweder direkt beim Erzeugen des Elements an es binden oder für alle Absätze entfernen und neu binden.

Das folgende Beispiel zeigt die Verwendung der *live*-Methode zur dynamischen Bindung von Event-Handlern an Elemente.

```
$("p").live("click", function() {
    alert("Absatz angeklickt!");
});
$("body").append("<p>Neuer Absatz</p>");
```

In diesem Fall wird der Event-Handler automatisch an den neuen Absatz gebunden.

die(type, fn): Event-Handler entfernen

Die Methode *die* verhält sich komplementär zur Methode *live*. Sie entfernt für alle Elemente des aktuellen Selektors den übergebenen Event-Handler und stoppt das Binden von Event-Handlern auf neue Elemente.

Die beiden Parameter sind optional und bestimmen, wie viel entfernt wird. Wird kein Parameter angegeben, werden alle *live*-Events entfernt, die für die Elementtypen des aktuellen Selektors registriert wurden. Wird der Parameter *type* angegeben, werden alle Event-Handler entfernt, die für Event-Typen im Parameter angegeben wurden. Wird eine Referenz auf den Event-Handler übergeben, wird nur dieser entfernt.

Im folgenden Beispiel wird zunächst mit der *live*-Methode ein Event-Handler an alle *p*-Elemente gebunden und anschließend wieder entfernt, wobei der letzte Aufruf alle Event-Handler entfernt, nicht nur den im Beispiel verwendeten.

```
$("p").live("click", function() {
  alert("Absatz angeklickt");
});
// […] hier werden möglicherweise neue Elemente
// dynamisch erzeugt.
$("p").die("click");
$("p").die(); // Entfernt alle mit .live gebundenen Event-Handler.
```

Hilfsmethoden für Interaktionen

Die folgenden zwei Methoden decken zwei Programmiermuster ab, die häufig implementiert werden müssen. Das erste Muster beschreibt, dass eine Aktion ausgeführt wird, wenn der Mauszeiger sich über einem Element befindet, und dass eine weitere Aktion ausgeführt wird, wenn der der Mauszeiger das Element verlässt; das ist das *hover*-Muster. Die Methode *toggle* führt pro Mausklick nacheinander die übergebenen Event-Handler aus.

hover(over, out)

Die Methode *hover* erwartet zwei Event-Handler als Parameter und führt diese aus, egal ob der Mauszeiger das aktuelle Element verlassen oder betreten hat.

Im folgenden Beispiel wird eine simple Hervorhebung eines Elements umgesetzt.

```
$("p").hover(
 function() { // Event-Handler mouseover
```

```
            $(this).addClass("highlight");
    },
    function() { // Event-Handler mouseout
            $(this).removeClass("highlight");
    }
);
```

toggle(fn, fn2, fn3, fn4 ...): durch Event-Handler durchklicken

Der Methode *toggle* kann man zwei oder mehr Event-Handler als Parameter übergeben. Mit jedem Klick auf ein Element, auf dem mit *toggle* mehrere Event-Handler registriert wurden, werden die Event-Handler abwechselnd der Reihe nach ausgeführt.

Im folgenden Beispiel werden mit der Funktion *toggle* für jedes *p*-Element einige Event-Handler registriert, die die Schriftgröße des Absatzes mit jedem Klick erhöhen. Der vierte Klick löst wieder den ersten Event-Handler aus.

```
$("p").toggle(
    function() {
        $(this).css("font-size", "14px");
    },
    function() {
        $(this).css("font-size", "16px");
    },
    function() {
        $(this).css("font-size", "18px");
    }
);
```

Event-Helper

In diesem Abschnitt werden *Event-Helper* beschrieben. Für alle Event-Typen, die jQuery unterstützt, gibt es Event-Helper, mit denen man einfach Event-Handler registrieren kann. Für Events, die manuell ausgelöst werden können, gibt es zusätzlich Helper für das Auslösen der Events.

Für alle Event-Helper gilt: Wird als Parameter eine Funktion übergeben, registriert der Helper diese auf allen Elementen der aktuellen Auswahl als Event-Handler für den Event-Typ, dessen Name der Helper-Methode entspricht.

Zusätzlich kann man bei der Registrierung eines Event-Handlers ein Objekt übergeben, das dann im Event-Handler über das übergebene Event-Objekt ansprechbar ist.

Viele der Helper lösen ein gleichnamiges Event aus, wenn man sie ohne Parameter aufruft.

Im folgenden Beispiel wird ein Event-Handler für den Event-Typ *click* auf allen Absätzen registriert.

```
$("p").click(function () {
    alert("Event-Handler ausgelöst");
});
```

Das nachfolgende Beispiel zeigt, wie ein Datensatz für die Nutzung im Event-Handler für *click*-Events gebunden wird.

```
$("p").click({min: 1, max: 5}, function(ev) {
    alert(ev.data.min + ev.data.max); // gibt "6" aus.
});
```

Dieses Beispiel zeigt, wie ein *click*-Event ausgelöst werden kann.

```
$("p").click();
```

Event-Typen

error

Dieser Event-Typ wird ausgelöst, wenn ein JavaScript-Fehler auftritt, also z. B. ein Bild nicht geladen werden konnte, weil die Adresse des Bilds ungültig ist oder die Bilddaten fehlerhaft sind. Dieser Event-Typ kann manuell ausgelöst werden.

Gibt der Event-Handler für *error* als Rückgabewert true zurück, wird keine weitere Aktion durch den Browser ausgeführt, da der Fehler als verarbeitet bzw. korrigiert angesehen wird.

Dem Event-Handler werden drei Parameter übergeben: Der erste enthält die Fehlermeldung, der zweite die volle Adresse (auf welcher Webseite der Fehler aufgetreten ist) und der dritte die Nummer der Zeile, in der der Fehler aufgetreten ist.

Im folgenden Beispiel werden alle JavaScript-Fehler serverseitig gespeichert und nicht im Browser als Fehler dargestellt.

```
$(window).error(function(msg, url, lineno) {
    $.post("/log/js_errors.php", {
        message: msg,
        link: url,
        lineno: lineno
    });
    return true;
});
```

focus

Der Event-Typ *focus* wird ausgelöst, wenn ein Element angeklickt oder durch das Drücken der Tabulatortaste fokussiert wird.

Dieser Event-Typ kann manuell ausgelöst werden und bewirkt, dass das entsprechende Element den Fokus bekommt.

focusin

Der Event-Typ *focusin* wird ausgelöst, wenn ein Element oder eins seiner Kindelemente den Fokus bekommt. Dieser Event-Typ kann manuell ausgelöst werden.

focusout

Der Event-Typ *focus* wird ausgelöst, wenn ein Element oder eins seiner Kind-Elemente den Fokus verliert. Dieser Event-Typ kann manuell ausgelöst werden.

load

Das *load*-Event wird ausgelöst, sobald das Element, auf das es registriert worden ist, und alle seine Kinder fertig geladen haben. Dabei geht es z. B. um Bilder, die noch nicht fertig geladen sind, während das Dokument geladen und bereit für Manipulationen ist.

Wird ein Event-Handler auf das *window*-Objekt registriert, wird es erst ausgelöst, wenn alle Elemente der Seite fertig geladen werden. Wird der Event-Handler registriert, nachdem das Dokument fertig geladen ist, wird der Event-Handler nicht mehr aufgeführt.

Dieser Event-Typ kann nicht manuell ausgelöst werden.

unload

Das *unload*-Event wird im *window*-Objekt ausgelöst, sobald die Seite geschlossen wird, zum Beispiel wenn der Benutzer einen Link anklickt, der die Seite im selben Fenster lädt.

Tastatur-Events

Die nachfolgenden drei Event-Typen beziehen sich alle auf das Drücken von Tasten auf der Tastatur. Für alle drei Typen gilt: Der ASCII-Zeichencode des gedrückten Zeichens lässt sich im Event-Handler im Attribut *which* abfragen.

Dieser Code ist bei den Event-Typen *keydown* und *keyup* identisch und entspricht der gedrückten Taste. Werden zum Beispiel die Hochstelltaste und das Zeichen B gedrückt, werden entsprechend zwei *keydown*-Events ausgelöst. Das eine Event enthält den Code für die Hochstelltaste, das andere den für die Taste B.

Das *keypress*-Event dagegen enthält im Attribut *which* den ASCII-Zeichencode des Zeichens, das generiert worden ist. Das heißt, dass die Tastenkombination aus Hochstelltaste und der Taste B ein Event auslöst, das den Zeichencode des Großbuchstaben B trägt.

Jeder der drei Elementtypen kann manuell ausgelöst werden.

keydown

Das *keydown*-Event wird ausgelöst, wenn der Benutzer eine Taste auf der Tastatur drückt.

keypress

Das *keypress*-Event wird ausgelöst, wenn der Benutzer eine Taste auf der Tastatur gedrückt hat. Es kann verstanden werden als eine Kombination aus den Event-Typen *keydown* und *keyup* auf derselben Taste.

keyup

Das *keyup*-Event wird ausgelöst, wenn der Benutzer einen Tastendruck beendet hat, also die Taste losgelassen hat.

Maus-Events

In diesem Abschnitt werden die verschiedenen Events behandelt, die durch die Maus ausgelöst werden können. Nur die Event-Typen *click* und *dblclick* können manuell ausgelöst werden.

Die Koordinaten der Mausposition zum Zeitpunkt des Auslösens des Events (relativ zum Dokument) können im Event-Handler über die Event-Attribute *pageX* und *pageY* abgefragt werden.

click

Das *click*-Event wird ausgelöst, wenn der Benutzer ein Element anklickt.

Dieser Event-Typ kann manuell ausgelöst werden.

dblclick

Der Event-Typ *dblclick* entspricht einem Doppelklick durch den Benutzer und kann manuell ausgelöst werden.

mousedown

Das *mousedown*-Event wird ausgelöst, wenn der Benutzer eine Maustaste über einem Element drückt.

mouseenter

Das *mouseenter*-Event wird ausgelöst, sobald der Mauszeiger in den Anzeigebereich eines Elements gezogen wird.

mouseleave

Das *mouseleave*-Event wird ausgelöst, sobald der Mauszeiger den Anzeigebereich eines Elements verlässt. Dabei spielt es keine Rolle, ob im Anzeigebereich des Elements Kindelemente vorhanden sind oder nicht.

mousemove

Das *mousemove*-Event wird ausgelöst, während der Mauszeiger über einem Element bewegt wird. Event-Handler für diesen Event-Typ können die Position des Mauszeigers relativ zum Anzeigefenster durch die Attribute *clientX* und *clientY* abfragen.

mouseout

Das *mouseout*-Event wird ausgelöst, sobald der Mauszeiger den Anzeigebereich eines Elements verlässt. Das Event wird auch ausgelöst, wenn das Element, über das der Mauszeiger gezogen wird, ein Kindelement im Anzeigebereich des aktuellen Elements ist.

mouseover

Das *mouseover*-Event wird ausgelöst, sobald der Mauszeiger den Anzeigebereich eines Elements betritt. Dieses Event wird auch ausgelöst, wenn der Mauszeiger von einem Kindelement im Anzeigebereich des aktuellen Elements kommt.

mouseup

Ein *mouseup*-Event wird ausgelöst, sobald der Benutzer eine gedrückte Maustaste über einem Element loslässt.

Anzeigebezogene Events

Die nachfolgenden Event-Typen beziehen sich auf die Darstellung durch den Browser.

resize

Das *resize*-Event wird ausgelöst, sobald die Größe des Browserfensters verändert wird.

Es kann nicht manuell ausgelöst werden.

scroll

Das *scroll*-Event wird ausgelöst, wenn der Benutzer das Dokument oder ein anderes scrollbares Element scrollt.

Formular-Events

Die nachfolgenden Event-Typen beziehen sich auf Formulare und Eingabeelemente wie Textfelder oder Buttons.

blur

Der Event-Typ *blur* wird ausgelöst, wenn ein Element den Fokus verliert; das passiert z. B., wenn der Benutzer ein anderes Element anklickt oder die Tabulatortaste benutzt, um zum nächsten Element zu kommen.

Dieser Event-Typ kann manuell ausgelöst werden.

change

Der Event-Typ *change* wird ausgelöst, wenn ein Eingabeelement den Fokus verliert und sein Inhalt verändert wurde, seit es den Fokus bekommen hatte.

Dieser Event-Typ kann manuell ausgelöst werden.

select

Das *select*-Event wird ausgelöst, wenn der Benutzer Text in einem Eingabeelement markiert – wenn die Markierung durch das Drücken einer Maustaste und anschließendes Ziehen der Maus oder aber durch die Verwendung der Zeigertasten der Tastatur bei gedrückter Hochstelltaste durchgeführt wird.

Dieser Event-Typ kann manuell ausgelöst werden.

submit

Das *submit*-Event wird ausgelöst, wenn ein Formular abgeschickt wird, und kann manuell ausgelöst werden. Man kann das Abschicken des Formulars verhindern, indem man die *preventDefault*-Methode des Events aufruft oder als Rückgabewert des Event-Handlers false zurückgibt.

Ajax-Events

Die verfügbaren Event-Typen und Event-Helper für Ajax-Requests werden in Kapitel 8, *Ajax*, erläutert.

KAPITEL 7

Animationen

Dieses Kapitel erläutert, wie man mit jQuery HTML-Elemente animieren kann.

Die jQuery-Bibliothek bringt einige Methoden mit, mit denen man leicht Animationen erzeugen kann.

Grundlagen

Das Prinzip aller Animationen ist, dass eine oder mehrere CSS-Eigenschaften eines Elements über die Zeit gegen einen bestimmten Wert laufen. Das bedeutet, dass man für eine Animation den Quellwert einer Eigenschaft, den Zielwert und die Laufzeit der Animation benötigt. Sind diese Eigenschaften bekannt, muss man nur noch die Differenz zwischen Quell- und Zielwert bilden, die Laufzeit in Schritte einteilen, die Differenz durch die Zeitschritte teilen und dann nach jedem vergangenen Zeitschritt den aktuellen Wert der Eigenschaft auf den Quellwert plus Anzahl vergangener Zeitschritte mal dem Quotienten setzen.

Dieses Vorgehen führt zu einer linearen Animation. Soll die Animation nicht linear verlaufen (sondern zum Beispiel logarithmisch), muss für jeden Zeitschritt der Wert der Eigenschaft neu berechnet werden. Funktionen, die das berechnen, nennt man *Easing-Gleichungen*.

Die jQuery-Bibliothek bringt zwei Easing-Gleichungen mit, eine lineare mit dem Namen *linear* und eine mit dem Namen *swing*, die eine leichte Beschleunigung simuliert.

Eine Reihe von Easing-Gleichungen wurde von Robert Penner für ActionScript 2 und 3 geschrieben und von John Smith für jQuery in Form eines Plugins zur Verfügung gestellt: *http://gsgd.co.uk/sandbox/ jquery/easing/*.

Warteschlange für Animationen

Animationen für eine Auswahl von Elementen werden generell in eine Warteschlange eingefügt und nacheinander ausgeführt. Der Aufruf der Animationsmethode ist damit nach dem Einfügen der Animation in die Warteschlange beendet. Deswegen würden die Animationen im nachfolgenden Beispiel nacheinander ausgeführt.

```
$("#message").fadeIn().fadeOut();
```

Im Folgenden wird beschrieben, was dabei im Detail passiert.

Der Aufruf von *fadeIn* führt dazu, dass die Warteschlange für jedes Element des Selektors #message den Eintrag für die *fadeIn*-Animation eingetragen bekommt und diese aufgerufen wird, falls die Warteschlange leer ist. Für den nachfolgenden Aufruf von *fadeOut* gilt dasselbe, wobei die Animation nicht gestartet wird, da bereits die Animation *fadeIn* läuft.

Sobald nun die *fadeIn*-Animation beendet wird, wird der entsprechende Eintrag aus der Warteschlange entfernt und der nächste verfügbare Eintrag ausgeführt.

Dieses Verhalten gilt für alle Hilfsmethoden für Animationen und ohne entsprechende Parameter auch für die Methode *animate*.

Ist es dagegen notwendig, dass mehrere Animationen gleichzeitig starten, kann man das Starten der Animationen erzwingen, indem man für die Methode *animate* im Optionsobjekt den Parameter *queue* auf false setzt. Das nachfolgende Beispiel verdeutlicht das.

```
$("#window")
    .fadeIn(5000)
    .animate({ left: "100px", top: "100px" },
        { queue: false, duration: 5000 });
```

Das Element mit der ID *window* wird per Animationsmethode *fadeIn* eingeblendet und gleichzeitig auf die Position 100 Pixel von links und 100 Pixel von oben bewegt.

Animationen durchführen

Die flexibelste Möglichkeit, eine Animation durchzuführen, ist die Methode *animate*. Sie erwartet als Parameter entweder zwei Objekte oder ein Objekt, gefolgt von der Ausführungsdauer und *optional* dem Namen der Easing-Gleichung und einer Callback-Methode, die aufgerufen wird, sobald die Animation beendet wird.

animate(params, *duration, easing, callback*)

Der erste Parameter enthält Paare aus Namen von CSS-Eigenschaften und den Zielwerten für die Animation. Die Namen der CSS-Eigenschaften sollten dabei der DOM-Nomenklatur für CSS-Eigenschaften entsprechen (siehe Kapitel 4, *Ändern*). Statt `margin-right` muss `marginRight` benutzt werden.

Wird kein Objekt für die Optionen der Animation übergeben, wird als zweiter Parameter eine Zahl erwartet (die Ausführungsdauer der Animation in Millisekunden, ms) oder eine der Zeichenketten `slow` und `fast` als Parameter (`slow` entspricht 600 ms, `fast` 200 ms). Dieser Parameter ist optional und wird auf 400 gesetzt, falls kein zweiter Parameter angegeben wird.

Die Angabe der Easing-Gleichung ist optional und voreingestellt auf *swing*.

Der letzte optionale Parameter ist eine Funktion, die ausgeführt wird, sobald die Animation beendet wird.

```
$("#animBox")
    .({ width: "500px", height: "200px"},
    1000, "linear", function() {
        $(this).text("ich wurde animiert!");
});
```

animate(params, *options*)

Wesentlich flexibler ist die Möglichkeit, die Methode *animate* mit zwei Objekten als Parameter aufzurufen. Das erste Objekt enthält eine Liste von Paaren aus Namen von CSS-Eigenschaften und deren Zielwerten.

Der zweite Parameter ist ein Objekt, das alle anderen Parameter der Animation enthält.

```
$("#animBox").animate({
        width: "500px",
        height: "200px"
    }, {
        duration: 1000,
        easing: "linear",
        complete: function () {
            $(this).text("ich wurde animiert!");
        }
    });
```

Mögliche Optionen für eine Animation

duration: Dauer der Animation – entweder eine der drei Zeichenketten slow, normal oder fast (was 600, 400 und 200 ms entspricht) oder eine Zahl größer gleich 0, die die Dauer in Millisekunden angibt.

easing: Dieser Parameter setzt die verwendete Easing-Gleichung. Wird kein passendes Plugin verwendet, können hier nur die Werte linear oder swing eingetragen werden, wobei swing für alle jQuery-Animationen voreingestellt ist.

complete: Diesem Parameter kann eine Funktion übergeben werden, die für jedes Element der aktuellen Auswahl ausgeführt wird, sobald die Animation beendet ist.

step: Dieser Parameter sollte im Normalfall nicht verwendet werden, sondern höchstens für die Entwicklung, da diese Funktion für jedes Element der aktuellen Auswahl nach jedem Schritt ausgeführt wird, also alle 13 ms. Das kann zu einer hohen Prozessorlast auf dem Rechner des Webseitenbesuchers führen, da eine Animation mit der Dauer von 1.000 ms bereits etwa 77 Aufrufe der Methode für ein einzelnes Element erzeugt.

queue: Wird dieser Parameter auf `false` gesetzt, wird die Animation, für die das Optionsobjekt übergeben wird, direkt ausgeführt und nicht an eine eventuell bereits laufende Animation angehängt.

stop(clearQueue, gotoEnd): Animation beenden

Die Methode *stop* beendet alle laufenden Animationen auf allen Elementen der aktuellen Auswahl. Es können zwei optionale Parameter vom Typ *boolean* übergeben werden.

Wird als erster Parameter `true` übergeben, werden alle laufenden Animationen beendet und die Animationen-Warteschlange für die Elemente des aktuellen Selektors geleert. Wird dagegen `false` als Parameter übergeben, werden nur die laufenden Animationen beendet; sind in der Warteschlange weitere Animationen vorhanden, werden diese ausgelöst.

Wird als zweiter Parameter `true` übergeben, wird die laufende Animation direkt zu Ende geführt – das heißt, dass die CSS-Eigenschaften ihren Zielwert erreichen und eine eventuell vorhandene Callback-Methode ausgeführt wird, die für das Ende der Animation vorgesehen ist.

Grundlegende Animationen

show(dauer, easing, callback): Elemente anzeigen

Die Methode *show* macht ein nicht sichtbares Element sichtbar. Elemente sind dann nicht sichtbar, wenn die CSS-Eigenschaft *display* den Wert none hat.

Der Methode können drei optionale Parameter übergeben werden; der erste ist eine Zahl, die die Dauer der Animation in Millisekunden angibt, oder einer der drei Begriffe `slow`, `normal` oder `fast`. Der zweite optionale Parameter ist der Name einer Easing-Funktion, falls man die vorgegebene Methode *swing* nicht nutzen möchte. Der letzte optionale Parameter ist eine Funktion, die aufgerufen wird, sobald die Animation beendet ist.

Wird nur die Funktion als Parameter übergeben, wird der Parameter `normal` als Geschwindigkeit angenommen. Will man das Element ohne Animation einblenden und eine Callback-Funktion übergeben, sollte man als Dauer 0 angeben.

Im folgenden Beispiel wird ein Element sichtbar gemacht:

```
$("#hiddenElement").show();
```

Am nachfolgenden Beispiel wird die Verwendung der Callback-Funktion demonstriert; dabei wird ein Element zunächst ein- und anschließend direkt wieder ausgeblendet.

```
$("#errorMessage").show("slow", function () {
    $(this).hide("slow");
});
```

hide(dauer, easing, callback): Elemente verstecken

Die Methode *hide* lässt Elemente verschwinden. Wird die Methode ohne die optionalen Parameter aufgerufen, wird das jeweilige Element ohne Animation unsichtbar. Nach dem Aufruf dieser Methode wird die CSS-Eigenschaft *display* auf den Wert none gesetzt.

Dieser Methode können optional drei Parameter übergeben werden: Der erste gibt die Dauer der Animation an, der zweite den Namen einer Easing-Funktion, und der letzte ist eine Callback-Funktion, die aufgerufen wird, sobald die Animation beendet ist.

toggle(dauer, easing, callback): Sichtbarkeit ändern

Die Methode *toggle* funktioniert wie eine Kombination aus den Methoden *show* und *hide*. Wird diese Methode ohne Parameter aufgerufen, ändert sie für alle Elemente des aktuellen Selektors die Sichtbarkeit. Elemente, die vorher sichtbar waren, sind dann unsichtbar und umgekehrt. Wenn kein Parameter angegeben wird, wird keine Animation ausgeführt.

Der erste Parameter der Methode ist die Dauer der Animation und beträgt 0, wenn kein Parameter angegeben wird, oder aber normal, wenn nur eine Callback-Funktion als Parameter übergeben wird.

Wird ein Wert größer 0 oder einer der drei Begriffe slow, normal oder fast angegeben, wird für Elemente, die versteckt werden müssen, dieselbe Animation durchgeführt, als würde man darauf die Methode *hide* anwenden. Analog entspricht die Animation für unsichtbare Elemente der der Methode *show*.

Optional kann vor einer Callback-Funktion der Name einer alternativen Easing-Methode angegeben werden.Im folgenden Beispiel wird die Sichtbarkeit aller *div*-Elemente ohne Animation geändert:

```
$("div").toggle();
```

Soll die Änderung der Sichtbarkeit animiert werden, muss die Dauer der Animation angegeben werden.

```
$("div").toggle(1000); // Dauer: 1 Sek.
```

Das nächste Beispiel zeigt die Verwendung der optionalen Parameter.

```
$("div").toggle("slow", function() {
    alert("CSS display:" + $(this).css("display"));
});
```

toggle(switch): Sichtbarkeit durch Angabe eines booleschen Parameters ändern

Wird der Methode *toggle* als erster Parameter ein boolescher Wert übergeben, werden alle Elemente der aktuellen Auswahl je nach Wert sichtbar oder unsichtbar gemacht. Wird true übergeben, werden die Elemente sichtbar gemacht, bei false unsichtbar.

Im folgenden Beispiel werden alle Absätze abhängig von der Anzahl der Klicks auf einen Link sichtbar oder unsichtbar gemacht.

```
var counter = 0;
$("#toggleVis").click(function() {
    counter++;
    $("#submenu").find("p").toggle(counter % 2 == 0);
});
```

delay(dauer, queue): Animationspause

Die Methode *delay* animiert Elemente nicht, sondern tut eine bestimmte Zeit lang nichts.

Der erste Parameter ist optional und gibt die Dauer der Pause in Millisekunden an (Vorgabe: 400 ms).

Der zweite, ebenfalls optionale Parameter gibt die zu verwendende Warteschlange an und ist nur relevant, wenn die Queue einen anderen Namen als *fx* bekommen hat.

Das nachfolgende Beispiel zeigt die Funktion der Pause:

```
$("#example").show(500).delay(2000).hide(333);
// Einblenden dauert 0.5 Sekunden.
// Dann bleibt #example für 2 Sekunden sichtbar
// und wird anschließend in 333ms ausgeblendet.
```

Sliding

Mit einer *Sliding-Animation* wird die Sichtbarkeit eines Elements animiert, so dass die Höhe des Elements verändert wird. Dabei werden sichtbare Elemente auf die Höhe 0 Pixel animiert und anschließend ausgeblendet, bei unsichtbaren Elementen ist es genau umgekehrt.

slideDown(dauer, easing, callback): Element anzeigen lassen

Die Methode *slideDown* lässt alle nicht sichtbaren Elemente des aktuellen Selektors einblenden. Der Methode können bis zu drei optionale Parameter übergeben werden; der erste entspricht dem der Funktion *show* (die Dauer der Animation als ganzzahliger Wert in Millisekunden oder einer der drei Begriffe slow, normal und fast). Wird keine Dauer angegeben, wird der Wert normal angenommen.

Der zweite Parameter ist der Name einer Easing-Funktion.

Der letzte Parameter ist eine Callback-Funktion, die für jedes Element der aktuellen Auswahl aufgerufen wird, sobald die Animation beendet ist. Für die Verwendung der Callback-Funktion ist die Angabe der Dauer optional; wird eine Dauer angegeben, muss die Callback-Funktion der zweite und die Dauer der erste Parameter sein.

Im folgenden Beispiel werden bei Klick auf einen Link ein Untermenü (submenu) eingeblendet und der angeklickte Link als angeklickt markiert.

```
$("#menu").find("a.hasSubmenu").click(function(evt) {
    var $this = $(this);
    evt.preventDefault();
    var target = "#" + $this.attr("href").split("#")[1];
    $(target).slideDown(function () {
        $this.addClass("isSelected")
            .removeClass("hasSubmenu");
    });
});
```

slideUp(dauer, easing, callback): Element ausblenden

Diese Methode blendet alle sichtbaren Elemente der aktuellen Auswahl mit einer Animation aus. Die Parameter entsprechen denen der Methode *slideDown*.

Im folgenden Beispiel wird ein Untermenü ausgeblendet, nachdem ein bestimmter Link angeklickt worden ist.

```
$("#menu").find("a.isSelected")
    .live("click", function(evt) {
    var $this = $(this);
    evt.preventDefault();
    var target = "#" + $this.attr("href").split("#")[1];
    $(target).slideUp(function () {
        $this.addClass("hasSubmenu")
            .removeClass("isSelected");
    });
});
```

slideToggle(dauer, easing, callback): Sichtbarkeit ändern

Die Methode *slideToggle* lässt alle versteckten Elemente der aktuellen Auswahl sichtbar werden und alle sichtbaren Elemente unsichtbar.

Der Methode können bis zu drei optionale Parameter übergeben werden: Der erste bestimmt die Dauer der Animation, der zweite ist der Name einer Easing-Funktion, und der letzte ist eine Callback-Funktion, die für jedes Element ausgeführt wird, wenn die Animation beendet ist.

Fading

Mit den Fading-Methoden kann man die Sichtbarkeit von Elementen animieren. Soll ein Element versteckt werden, wird seine Transparenz so lange verringert, bis es nicht mehr zu sehen ist, und anschließend wird die CSS-Eigenschaft *display* auf den Wert none gesetzt.

fadeIn(dauer, easing, callback): Elemente einblenden

Die Methode *fadeIn* blendet die Elemente der aktuellen Auswahl ein. Die drei optionalen Parameter entsprechen denen der Methode *show.*

Der erste Parameter gibt die Dauer der Animation an; gültig sind ganzzahlige Werte, die die Dauer in Millisekunden repräsentieren, und die Begriffe slow, normal und fast.

Der zweite Parameter ist der Name einer Easing-Funktion. Der dritte ist eine Callback-Funktion, die für jedes Element der aktuellen Auswahl aufgerufen wird, sobald die Animation abgeschlossen ist. Das Element, das animiert worden ist, kann in der Callback-Funktion über die Variable *this* angesprochen werden.

Im folgenden Beispiel werden mehrere Elemente eingeblendet und anschließend mit der Klasse *sichtbar* versehen.

```
$("#form").find("span.fehler").fadeIn(function(){
    $(this).addClass("sichtbar");
});
```

fadeOut(dauer, easing, callback): Elemente ausblenden

Die Methode *fadeOut* blendet alle Elemente des aktuellen Selektors aus, indem sie die Transparenz der Elemente schrittweise verringert und anschließend die CSS-Eigenschaft *display* auf den Wert none setzt.

Die drei optionalen Parameter entsprechen denen der Methode *fadeIn:* Der erste setzt die Dauer der Animation, der zweite enthält den Namen einer Easing-Funktion, und als dritter kann eine Callback-Funktion übergeben werden, die für jedes Element der aktuellen Auswahl ausgeführt wird, sobald die Animation beendet wird.

Im folgenden Beispiel wird ein Element innerhalb von zwei Sekunden ausgeblendet.

```
$("#visContent").fadeOut(2000);
```

fadeTo(dauer, opacity, *easing, callback*): Elemente auf eine bestimmte Transparenz setzen

Die Methode *fadeTo* animiert den Transparenzwert aller Elemente der aktuellen Auswahl auf einen bestimmten Wert.

Die Methode benötigt zwei Parameter: Der erste gibt die Dauer der Animation an (hier wird ein ganzzahliger Wert oder einer der drei Begriffe slow, normal und fast erwartet) und der zweite bestimmt die Deckkraft, also wie stark etwas zu sehen sein soll. Für alle Elemente gilt zunächst eine Deckkraft von 1 bzw. 100 Prozent. Entsprechend wird für diesen Parameter ein Wert zwischen 0 und 1 erwartet.

Werden für die Deckkraft größere Werte als 1 angegeben, führt das dazu, dass die volle Deckkraft früher erreicht wird: Wenn man den Wert 100 als Deckkraft übergibt und die Animation 1.000 Millisekunden dauern soll, wird die volle Deckkraft schon nach 10 Millisekunden erreicht.

Will man eine andere Easing-Funktion als die vorgegebene nutzen, kann man diese als dritten Parameter angeben. Erwartet wird eine Zeichenkette mit dem Namen der Methode.

Optional kann als letzter Parameter eine Callback-Funktion übergeben werden, die aufgerufen wird, sobald die Animation beendet und die Zieltransparenz angewandt worden ist.

Im folgenden Beispiel wird die Transparenz einiger Elemente zunächst auf 33 Prozent reduziert und anschließend wieder auf 75% erhöht. Jede Animation soll dabei 1,5 Sekunden dauern.

```
$("#some").find("p").fadeTo(1500, 0.33).fadeTo(1500, 0.75);
```

Einstellungen

jQuery.fx.off: Animationen abschalten

Die Animationen, die in der jQuery-Bibliothek enthalten sind, lassen sich durch das Setzen der Variable *jQuery.fx.off* abstellen. Damit kann man Effekte für Browser auf leistungsschwachen Geräten abstellen und damit zum Beispiel bei Handys Energie sparen, da die Animationen viel CPU-Zeit brauchen.

Animationen global ausschalten:

```
jQuery.fx.off = true;
```

Animationen global erlauben:

```
jQuery.fx.off = false;
```

Das $-Kürzel benutzen, um Animationen auszuschalten:

```
$.fx.off = true;
```

jQuery.fx.interval: Wartezeit zwischen den Animationsschritten

Dieses Attribut gibt an, wie viel Zeit zwischen den einzelnen Animationszuständen vergehen soll; Vorgabe ist 13.

Wenn dieser Wert erhöht wird, beansprucht der Browser weniger CPU-Zeit, aber dafür wirkt die Animation nicht mehr so flüssig. Wird der Wert dagegen verkleinert, kann die Animation auf schnellen Browsern wie Chrome zügiger ablaufen.

```
$.fx.interval = 50;
$("#example").slideDown(1000);
// Animation wird mit 20 Zwischenschritten pro Sekunde
```

KAPITEL 8

Ajax

In diesem Kapitel werden die Methoden beschrieben, die jQuery bietet, um Ajax-Requests durchzuführen. jQuery bietet dafür umfassende Möglichkeiten und besitzt zu diesem Zweck ein eigenes Event-Subsystem, das den Status eines Requests durch das Auslösen eines Events beschreibt.

Auch hier gibt es wieder eine allgemeine Methode, die umfangreiche Konfigurationsoptionen bietet, und mehrere Hilfsmethoden, die besonders häufige Anwendungsfälle (*patterns*) abdecken.

Ajax-Anfragen durchführen

In diesem Abschnitt werden die Methoden zum Durchführen von Ajax-Anfragen vorgestellt.

jQuery.ajax(options): Ajax-Anfragen durchführen

Die Methode *ajax* ist die *Low-Level-Implementierung* für das Erzeugen und Durchführen von *XMLHttpRequests*. Als Parameter wird ein Objekt erwartet, das Schlüssel/Wert-Paare mit den Optionen für den Request enthält.

Optionen für die Methoden ajax und ajaxSetup

Nachfolgend werden alle Parameter erläutert, die man im Optionenobjekt übergeben kann.

async: synchrone oder asynchrone Events. Diesem Parameter kann true oder false zugewiesen werden, wobei true voreingestellt ist. Wird false gesetzt, werden entsprechend Ajax-Anfragen synchron durchgeführt, was dazu führen kann, dass der Browser für die Dauer der Anfrage nicht auf Benutzereingaben reagiert.

```
$.ajaxSetup({ async: false });
```

Ein Browser, der nicht auf Benutzereingaben reagiert, kann im ungünstigsten Fall vom Benutzer als abgestürzt missverstanden werden, was nicht gerade zur Usability der Seite beiträgt. In Kapitel 10, *Plugins*, wird das jQuery-Plugin *blockUI* vorgestellt: Diese Erweiterung kann auch zur Durchführung synchroner Events benutzt werden.

beforeSend: Callback-Funktion vor dem Abschicken der Daten. Für den Parameter *beforeSend* wird eine Funktion erwartet, die einen Parameter hat, an den das *XMLHttpRequest*-Objekt übergeben wird. Wenn diese Methode false zurückgibt, wird der Request abgebrochen.

Eine solche Callback-Funktion kann benutzt werden, um zum Beispiel eigene Header für die Anfrage hinzuzufügen. Die Variable *this* enthält im Kontext der Callback-Funktion das Parameterobjekt, mit dem die Anfrage generiert worden ist.

```
$.ajaxSetup({
        beforeSend: function(xhr) {
      xhr.setRequestHeader(
        "Accept",
        "text/xml"
      );
   }
});
```

cache: Browsercache umgehen. Der Parameter *cache* gibt an, ob das Caching durch den Browser umgangen werden soll oder nicht. Ist *cache* auf true gesetzt, dürfen Anfragen aus dem Browsercache bedient werden. Das heißt, dass wenn der Server als HTTP-Statuscode 304 sendet, die Daten aus dem Browsercache geladen werden.

Steht der Parameter dagegen auf false, wird der Statuscode ignoriert und die Daten werden bei jedem Aufruf auf einer Adresse vom Server geholt.

```
$.ajaxSetup({cache: false});
```

Für die Datentypen `script` und `jsonp` wird kein Caching durchgeführt.

complete: Callback-Funktion bei Abschluss der Ajax-Anfrage. Die Callback-Funktion, die diesem Parameter zugewiesen wird, wird ausgeführt, wenn der Ajax-Request abgeschlossen ist und die Callback-Methoden bzw. Event-Handler für die Events *error* bzw. *success* abgearbeitet worden sind.

Der Funktion werden zwei Parameter übergeben: Der erste ist das *XMLHttpRequest*-Objekt und der zweite eine Zeichenkette, die den Typ des Abschlusses angibt (also ob der Request erfolgreich war oder nicht).

```
$.ajaxSetup({
    complete: function (xhr, status) {
        alert("Completed with Status:[" + status + "]");
    }
});
```

contentType: Setzen des Content-Type für die Anfrage. Mit dem Parameter *contentType* kann man den Content-Type der Anfrage beeinflussen. Der Standardwert dieses Parameters ist »application/x-www-form-urlencoded«; er kann neu gesetzt werden, wenn man zum Beispiel Daten nach dem JSON-Standard codiert verschicken möchte.

```
$.ajaxSetup({
    contentType: "application/json; charset=utf8"
});
```

data: Daten für die Anfrage. Der Parameter *data* enthält die Daten, die verschickt werden sollen. Wird ein Objekt übergeben, wird es vor dem Abschicken serialisiert.

```
var xhrData = $("#loginform").serialize();
$.ajax({
    url: '/login/',
    data: xhrData
});
```

dataFilter: Ajax-Antwort verarbeiten. Die Daten, die in der Antwort auf einen Ajax-Request geliefert werden, können durch die Zuweisung einer Funktion an den Parameter *dataFilter* vorverarbeitet werden.

Der erste der zwei Parameter enthält die vom Server übergebenen Daten, der zweite den Typ der Daten in Form einer Zeichenkette (dieser Wert entspricht dem Parameter *dataType*). Man kann die Daten also abhängig vom Datentyp verarbeiten. Der Rückgabewert dieser Funktion sind die gefilterten Daten bzw. das, was daraus generiert worden ist.

Die Einsatzmöglichkeiten für eine Filterfunktion sind vielfältig; in der Regel benötigt man eine Filterfunktion, um eine bestimmte Datenintegrität zu gewährleisten. Man könnte hier also zum Beispiel Fehlermeldungen eines Skripts herausfiltern oder generell für den Austausch von Wörtern sorgen.

Das nachfolgende Beispiel zeigt eine Filterfunktion, die alle Vorkommen des Worts »Hund« durch »Katze« ersetzt, wenn der Datentyp html ist.

```
var myDataFilter = function (data, type) {
    if (type == "html") {
        data = data.replace(/Hund/g, "Katze");
    }
    return data;
};

$.ajax({
    url : "/test.html",
    dataType: "html",
    dataFilter: myDataFilter
});
```

dataType: Datentyp der Anfrage bestimmen. Der Parameter *dataType* bestimmt, wie diejenigen Daten behandelt werden sollen, die als Antwort zurückgegeben werden. Wird dieser Parameter nicht gesetzt, wird xml oder html erwartet; es wird eine Prüfung dahingehend ausgeführt, ob es sich bei den zurückgegebenen Daten um HTML oder XML handelt.

Hier sehen Sie mögliche Werte für den Parameter *dataType*:

xml – Die Daten werden als XML behandelt und müssen valides XML enthalten.

html – Die Daten werden als HTML behandelt und sollten valides HTML enthalten.

script – Die Daten werden als JavaScript gewertet, so dass sie als normaler Text gewertet und ausgeführt werden. Bei diesem Datentyp wird der Parameter *cache* immer auf false gesetzt und damit Caching verhindert. Geht die Anfrage an eine fremde Domain, wird der Typ der Anfrage von *POST* auf *GET* geändert.

```
$.ajax({
    url: "/app/generatejs/page/welcome",
    dataType: "script"
});
```

json – Die Daten werden als JSON interpretiert und in ein JavaScript-Objekt umgewandelt. Die Antwort des Servers sollte valides JSON enthalten.

jsonp – Es wird eine JSONP-Anfrage durchgeführt. *JSONP* ist eine Technik, die entwickelt wurde, um die *Same-Domain*-Richtlinie moderner Browser zu umgehen. Die *Same-Domain*-Richtlinie schreibt vor, dass AJAX-Requests nur innerhalb der Domain der aktuellen Seite erlaubt sind. JSONP umgeht diese Richtlinie, indem es statt JSON JavaScript zurückliefert, das eine Callback-Funktion aufruft und dieser ein Datenobjekt übergibt.

text – Die Daten werden als normale Zeichenkette behandelt und nicht weiter interpretiert.

error: Callback-Funktion im Fehlerfall. Dem Parameter *error* kann man eine Funktion zuweisen, die aufgerufen wird, wenn die Ajax-Anfrage nicht erfolgreich ist. Dieser Funktion werden drei Parameter übergeben: Der erste ist das *XMLHttpRequest*-Objekt, der zweite eine Zeichenkette mit der Beschreibung des Fehlers. Wird ein *Error*-Objekt geworfen, wird es als dritter optionaler Parameter übergeben.

```
var myAjaxErrorHandler = function (xhr, errmsg, err) {
    alert("Ajax-Anfrage fehlgeschlagen:" + errmsg);
}
$.ajaxSetup({ error: myAjaxErrorHandler });
```

global: Globale Event-Handler für Ajax-Events auslösen. Der boolesche Parameter *global* gibt an, ob global registrierte Event-Handler für Ajax-Ereignisse ausgeführt werden sollen oder nicht. Voreingestellt ist der Wert true, global registrierte Event-Handler werden also für bestimmte Ereignisse ausgeführt. Details zu den Ajax-Events werden weiter unten in diesem Kapitel im Abschnitt Ajax-Events beschrieben.

ifModified: Gültigkeit der Antworten bestimmen. Wird der Parameter *ifModified* auf true gesetzt, sind Anfragen nur dann gültig, wenn der *Last-Modified*-Header, der vom Server geschickt wird, einen aktuelleren Wert enthält als eine Anfrage, die vorher abgeschickt wurde. Der voreingestellte Wert ist false.

jsonp: Parametername für die Callback-Funktion einer JSON-Anfrage. Der Parameter *jsonp* enthält den Namen des Parameters für die Callback-Funktion, die in dem zurückgelieferten JavaScript aufgerufen werden soll. Der voreingestellte Wert ist callback.

Das nachfolgende Beispiel zeigt die Verwendung des Parameters *jsonp*. Als Parameter für den Namen der Callback-Methode wird dabei der Wert cb übergeben.

```
$.ajax({
    url: "http://www.jquerybuch.de/service/jsonp.php",
    jsonp: "cb"
});
```

Wenn die Callback-Methode z. B. cb1234 hieße, würde das zum folgenden Aufruf führen:

```
http://www.jquerybuch.de/service/jsonp.php?cb=cb1234
```

Die Antwort des Servers sollte dann so aussehen:

```
cb=cb1234({"test":"succeed"});
```

Das zurückgelieferte JavaScript wird in einem *script*-Element am Ende des Dokuments eingefügt und direkt ausgeführt. Die von jQuery definierte Callback-Methode wird im globalen Kontext gespeichert und nach dem Aufruf zerstört, kann also nur genau ein Mal aufgerufen werden.

password: Passwort für die Anfrage. Wenn man eine Ajax-Anfrage ausführen will, für die Benutzername und Passwort nötig sind (*HTTP-Authentifizierung*), kann man diesem Parameter das benötigte Passwort übergeben.

processData: Verarbeitung der Daten verhindern. Normalerweise werden Daten, die in einer Ajax-Anfrage verschickt werden, verarbeitet zu einer Anfragekette der Form `paramName=paramWert&nochEinParam=nochEinWert` gemäß dem Übertragungsstandard `application/x-www-form-urlencoded`. Will man aber zum Beispiel *DOMDocument* oder andere nicht zu verarbeitende Daten verschicken, kann man das Serialisieren verhindern, indem man *processData* auf `false` setzt. Verarbeitet wird alles, was nicht vom Typ *String* ist.

success: Callback für erfolgreiche Ajax-Requests. Dem Parameter *success* kann man eine Callback-Funktion übergeben, die aufgerufen wird, wenn die Anfrage erfolgreich war. Der Funktion werden zwei Parameter übergeben: Der erste enthält die Daten, die die Anfrage geliefert hat, der zweite ist eine Zeichenkette, in der der Status der Anfrage als Text übergeben wird. Auf das Optionsobjekt kann man in der Funktion mit *this* zugreifen.

timeout: Auszeit einstellen. Dies setzt den Grenzwert für die Dauer der Anfrage. So kann man zum Beispiel einen global gesetzten Wert für jede einzelne Anfrage überschreiben und damit bewirken, dass es länger dauert, bis Anfragen als fehlgeschlagen abgebrochen werden.

type: Typ der Anfrage setzen. Der Parameter *type* bestimmt den Typ der Anfrage; mögliche Werte sind `GET` und `POST`, weitere Typen wie `PUT` sind auch denkbar, werden aber nicht von allen Browsern unterstützt. Die Standardeinstellung ist `GET`.

url: Ziel der Anfrage. Der Parameter *url* enthält die Adresse, an die die Anfrage laufen soll. Sie kann sowohl relativ als auch absolut angegeben werden.

```
$.ajax({
  "url" : "http://www.jquerybuch.de/service/data.json"
});
```

username: Benutzername. Dieser Parameter setzt den Benutzernamen für eine *HTTP Authentication*.

xhr: XMLHttpRequest-Objekt erzeugen. Dem Parameter *xhr* kann man eine Callback-Funktion übergeben, die *XMLHttpRequest*-Objekte erzeugt und zurückgibt. Damit kann man die jQuery-interne Funktionalität zum Erzeugen von *XMLHttpRequest*-Objekten umgehen.

Ajax-Hilfsmethoden

In diesem Abschnitt werden verschiedene Hilfsmethoden für das Ausführen von Ajax-Anfragen vorgestellt. Die Hilfsmethoden decken häufig auftretende Fälle ab.

load(url, data, callback): Daten in das Dokument laden

Die Hilfsmethode *load* lädt ein HTML-Dokument und fügt Teile davon in die Elemente des aktuellen Selektors ein. Die Methode entfernt dabei alle vorhandenen Kindelemente. Diese Methode arbeitet auf dem Rückgabewert einer Elementauswahl und nicht als Methode des globalen jQuery-Objekts.

Der erste Parameter *url* gibt die Adresse des zu ladenden Dokuments an und kann optional noch einen Selektor enthalten, mit dem ein Ausschnitt des Dokuments ausgewählt werden kann, das eingefügt werden soll. Der Selektor body>* wird auf das Dokument angewandt, es wird also nur der *body*-Teil des Dokuments eingefügt und nicht das gesamte Dokument.

Der zweite Parameter ist optional und kann entweder eine Zeichenkette oder ein Objekt mit Name/Wert-Paaren sein. Wird eine Zeichenkette übergeben, wird eine *GET*-Anfrage durchgeführt und die Zeichenkette als Parameter an die aufzurufende Adresse angefügt. Wird dagegen ein Objekt übergeben, wird eine *POST*-Anfrage durchgeführt und das übergebene Objekt in den *POST*-Daten serialisiert mitgeschickt.

Als dritten Parameter kann man eine Callback-Funktion übergeben, die aufgerufen wird, sobald die Anfrage beendet und das Dokumentfragment eingefügt ist. Dieser Parameter ist optional.

Der Callback-Funktion werden drei Parameter übergeben: Der erste enthält das Ergebnis der Anfrage, was in der Regel ein HTML-Dokument als Zeichenkette sein sollte. Der zweite ist eine Zeichenkette mit dem Status der Anfrage, in der Regel success. Der letzte Parameter enthält das *XMLHttpRequest*-Objekt. Für die Verwendung der Callback-Funktion ist die Angabe des zweiten Parameters nicht notwendig.

Im folgenden Beispiel wird versucht, ein HTML-Fragment zu laden, und durch eine Callback-Funktion der Fehlerfall verarbeitet.

```
var errorHandler = function(html, status, xhr) {
    if (status != "success") {
        $("#errMessage")
            .text("Kann Fragment nicht laden")
            .fadeIn("slow")
            .fadeOut(2000);
    }
};

$("#fragment")
    .load("part.html #newFragment", errorHandler);
```

jQuery.get(url, data, callback, type): eine GET-Anfrage durchführen

Die Hilfsmethode *get* ermöglicht es, relativ einfach eine Anfrage vom Typ *GET* durchzuführen. Der Methode können vier Parameter übergeben werden, von denen der erste (die Adresse) notwendig ist, alle anderen sind optional. Der Rückgabewert der Methode ist das *XMLHttpRequest*-Objekt, das für die Anfrage benutzt wird.

Im ersten Parameter wird die Adresse für die Anfrage übergeben. Als zweiten Parameter kann man ein Objekt mit Schlüssel/Wert-Paaren übergeben, das serialisiert als Parameter an die URL angehängt wird.

Als dritter Parameter kann man eine Callback-Funktion übergeben, die aufgerufen wird, wenn die Anfrage erfolgreich war. Dieser Funktion werden zwei Parameter übergeben. Der erste enthält den Antworttext, der zweite den Statustext der Anfrage, bei einer erfolgreichen Anfrage also success.

Als vierten Parameter kann man den Datentyp angeben, der an die Callback-Funktion übergeben werden soll.

Im folgenden Beispiel wird eine Anfrage durchgeführt und im Ergebnis der Anfrage nach einem Element mit der ID `remoteContent` gesucht, dessen Inhalt an das Element mit der ID `content` im Kontext des Dokuments angehängt wird.

```
$.get("/data.html", function (data) {
  $(data).find("#remoteContent")
    .children()
    .appendTo("#content", document.body);
});
```

jQuery.getJSON(url, data, callback): GET-Anfrage mit JSON als Ergebnis

Die Hilfsmethode *getJSON* ermöglicht es, einfach eine GET-Anfrage auszuführen, deren Ergebnistext valides JSON enthält. Diese Methode vereint beide Methoden, um JSON-Daten zu holen: Sie erzeugt automatisch eine normale Ajax-GET-Anfrage, wenn die Daten von derselben Domain wie das aktuelle Dokument geholt werden müssen, aber eine JSONP-Anfrage, wenn die Domain, von der Daten geholt werden müssen, nicht mit der des Dokuments übereinstimmt.

Der Methode können drei Parameter übergeben werden, von denen der erste notwendig und die anderen zwei optional sind.

Der erste Parameter ist die Adresse der Anfrage. Soll eine JSONP-Anfrage durchgeführt werden, muss man in der Anfrage-URL den Callback-Parameter in der Form `parametername=?` mitgeben.

Das nachfolgende Beispiel verdeutlicht die Übergabe des *callback*-Parameters:

```
$.getJSON(
  "http://www.jquerybuch.de/service/jsonp.php?cb=?"
);
```

Der zweite Parameter, der übergeben werden kann, ist entweder eine Zeichenkette mit serialisierten Daten oder ein Objekt mit Schlüssel/Wert-Paaren, die serialisiert als Parameter an die Adresse der Anfrage angehängt werden.

Das nachfolgende Beispiel verdeutlicht die Übergabe von Daten an die getJSON-Methode:

```
$.getJSON(
    "/login/",
    $("#loginForm").serialize()
);
```

Oder in Form eines Objekts:

```
$.getJSON("/login/", {
    username: $("#loginForm")
        .find("input[name=username]").val(),
    password: $("#loginForm")
        .find("input[name=password]").val()
});
```

Der dritte Parameter, der übergeben werden kann, ist eine Callback-Funktion, die aufgerufen wird, sobald die Anfrage erfolgreich beendet wurde. Dieser Funktion werden zwei Parameter übergeben. Der erste ist das Objekt, das aus der Antwort generiert worden ist. Der zweite ist der Statustext der Anfrage und sollte in der Regel success als Wert enthalten. Die Callback-Methode wird nicht aufgerufen, wenn der Antworttext der Anfrage kein gültiges JSON enthält.

Im folgenden Beispiel werden Daten für den Benutzer *Andreas* im JSON-Format vom Server geholt. In der Callback-Funktion wird aus den Daten HTML generiert und in das Element mit der ID profile geschrieben.

```
$.getJSON(
    "/user/details/json",
    { user: 'Andreas'},
    function(data) {
    var htmlString = '';
    for (var name in data) {
        htmlString += '<p><strong>'
            + name + '</strong>:<i>'
            + data[name] + '</i></p>';
    }
    $("#profile").html(htmlString);
});
```

jQuery.getScript(url, callback): JavaScript laden

Mit der Methode *getScript* kann man JavaScript-Dateien laden, die
ausgeführt werden, sobald das Skript geladen ist. Der Methode
kann man zwei Parameter übergeben: Der erste ist die Adresse der
Skriptdatei, die geladen werden soll; der zweite ist eine Callback-
Funktion, die aufgerufen wird, sobald das geladene JavaScript ausgeführt worden ist.

Im nachfolgenden Beispiel wird ein jQuery-Plugin geladen und
anschließend direkt angewandt.

```
$.getScript("/js/jquery.ui.tabs.js", function(){
    $("#tabContent").tabs();
});
```

jQuery.post(url, data, callback, type): POST-Anfragen durchführen

Die Methode *post* führt Ajax-Anfragen vom Typ POST durch. Die
Parameter für diese Methode entsprechen denen der Methode *get*,
mit dem Unterschied, dass die Daten, die im zweiten Parameter
data übergeben werden, als POST-Daten geschickt und nicht als
Parameter an die Adresse angehängt werden.

Im folgenden Beispiel werden die Daten eines Formulars per Ajax an
den Server geschickt, um dort ausgewertet zu werden. Als Antwort
werden Daten im JSON-Format erwartet. Abhängig vom Rückgabewert wird das Formular versteckt oder eine Fehlermeldung eingeblendet.

```
$.post(
    "/register/check/form/",
    $("#registerForm").serialize(),
    function(data) {
        if (!data.isValid) {
            $("#formError").show();
        } else {
            $("#registerForm").slideUp();
        }
    }, "json"
);
```

Ajax-Events

In diesem Abschnitt wird beschrieben, welche Events im Verlauf eines Ajax-Requests erzeugt werden. Es wird zwischen lokalen und globalen Events unterschieden. Event-Handler für lokale Events werden dem Optionsobjekt der Methode *ajax* direkt übergeben. Globale Events können in allen Elementen des Dokuments empfangen werden.

Lokale Events: Event-Handler an das Anfrageobjekt binden

beforeSend – Wird ausgeführt, bevor die eigentliche Anfrage ausgelöst wird, und kann benutzt werden, um das *XMLHttpRequest*-Objekt zu manipulieren, bevor es die Anfrage abschickt. Damit können z. B. zusätzliche Header für die Anfrage eingefügt werden.

success – Dieses Event wird ausgelöst, wenn die Anfrage erfolgreich abgeschlossen werden konnte.

error – Dieses Event wird ausgelöst, wenn es bei der Anfrage ein Problem gab, z. B. einen HTTP-Fehlercode oder einen unerwarteten Datentyp.

complete – Dieses Event wird nach einem *success*- oder *error*-Event ausgelöst, und zwar unabhängig davon, ob die Anfrage synchron war oder nicht.

Global Events: Event-Handler an DOM-Elemente binden

Die Events, die in diesem Abschnitt beschrieben werden, werden an alle DOM-Elemente durchgereicht. Das bedeutet, dass man für diese Events Event-Handler auf beliebigen DOM-Elementen registrieren kann, die ausgeführt werden, solange das Auslösen von Ajax-Events nicht mit *ajaxSetup* oder als Parameter für *ajax* deaktiviert wird. Siehe dazu auch die Beschreibung des Parameters *global* bei der Erläuterung der Methode *ajax*.

ajaxStart – Dieses Event wird ausgelöst, sobald eine Ajax-Abfrage gestartet wird, wenn keine andere Abfrage läuft.

ajaxSend – Dieses Event wird ausgelöst, bevor eine Anfrage losgeschickt wird. Er ist die globale Entsprechung zum lokalen Event *beforeSend*.

ajaxSuccess – Dieses Event wird ausgelöst, wenn eine Ajax-Anfrage erfolgreich abgeschlossen wird.

ajaxError – Dieses Event wird ausgelöst, wenn eine Ajax-Anfrage nicht erfolgreich abgeschlossen werden konnte.

ajaxComplete – Dieses Event wird nach einem *ajaxSuccess*- oder *ajaxError*-Event ausgelöst und kennzeichnet das Ende der Anfrage.

ajaxStop – Dieses Event wird ausgelöst, wenn eine Ajax-Anfrage beendet wurde und keine andere Anfrage läuft.

Ajax-Event-Helper

In diesem Abschnitt werden die Hilfsmethoden beschrieben, mit denen Event-Handler für Ajax-Events für DOM-Elemente registriert werden können. Dabei gilt: Enthält die Auswahl von Elementen mehr als ein DOM-Element, wird der Event-Handler für alle Elemente der Auswahl ausgeführt. Das heißt, dass der Event-Handler für jedes Element der Auswahl gebunden wird.

ajaxStart(callback): Event-Handler für ajaxStart

Mit dieser Methode kann eine Callback-Funktion an die Elemente gebunden werden, die durch einen Selektor gefunden werden. Dieser Aufruf entspricht dem Aufruf der Methode *bind* mit *ajaxStart* als erstem Parameter.

Die Callback-Funktion bekommt einen Parameter übergeben. Als erster Parameter wird das Event-Objekt übergeben.

Im folgenden Beispiel wird das Element mit der ID polling eingeblendet, sobald eine Ajax-Anfrage beginnt.

```
$("#polling").ajaxStart(function(evt) {
    $(this).fadeIn();
});
```

Dieser Aufruf entspricht dem Aufruf der Methode *bind* mit *ajax-Start* als erstem Parameter.

```
$("#polling").bind("ajaxStart", function(evt) {
    $(this).fadeIn();
});
```

ajaxSend(callback): Event-Handler für ajaxSend

Mit *ajaxSend* kann man eine Methode als Event-Handler für eine Gruppe von Elementen registrieren. Dem Event-Handler werden drei Parameter übergeben. Der erste ist das Event-Objekt, der zweite das *XMLHttpRequest*-Objekt, und als letztes Objekt wird das Ajax-Optionsobjekt übergeben.

Im folgenden Beispiel wird durch einen Event-Handler signalisiert, dass eine Anfrage abgeschickt wird.

```
var onBeforeSend = function(evt, xhr, opts) {
    $(this).text("Anfrage wird vorbereitet ...");
}
$("#polling").ajaxSend(onBeforeSend);
```

Dieser Aufruf ist vergleichbar mit dem Aufruf der Methode *bind* mit *ajaxSend* als erstem Parameter.

```
$("#polling").bind("ajaxSend", onBeforeSend);
```

ajaxError(callback): Event-Handler für ajaxError

Mit der *ajaxError*-Methode bindet man Event-Handler für das *ajax-Error*-Event an eine Gruppe von Elementen. Dem Event-Handler werden drei Parameter übergeben: Der erste ist das Event-Objekt, der zweite das *XMLHttpRequest*-Objekt, und als letzter Parameter wird das Ajax-Optionsobjekt übergeben.

Im folgenden Beispiel wird eine misslungene Ajax-Anfrage durch den Event-Handler signalisiert.

```
var onAjaxError = function(evt, xhr, opts) {
    $(this).addClass("ajaxError")
        .text("Anfrage fehlgeschlagen");
        disablePolling();
});
$("#polling").ajaxError(onAjaxError);
```

Event-Handler für das *ajaxError*-Event können auch mit der Methode *bind* gebunden werden.

```
$("#polling").bind("ajaxError", onAjaxError);
```

ajaxSuccess(callback): Event-Handler für ajaxSuccess

Mit dieser Methode bindet man Event-Handler für das *ajaxSuccess*-Event an eine Gruppe von Elementen. Dem Event-Handler werden drei Parameter übergeben: Der erste ist das Event-Objekt, der zweite das *XMLHttpRequest*-Objekt, und als letzter Parameter wird das Objekt mit den Einstellungen für die aktuelle Anfrage übergeben.

Im folgenden Beispiel wird die Nutzung des Event-Handlers verdeutlicht.

```
var onAjaxSuccess = function(evt, xhr, opts) {
    $(this).removeClass("ajaxError")
        .text("Anfrage erfolgreich");
    startNextPollingRequest();
});
$("#polling").ajaxSuccess(onAjaxSuccess);
```

Das Binden des Events kann auch mit der Methode *bind* durchgeführt werden.

```
$("#polling").bind("ajaxSuccess", onAjaxSuccess);
```

ajaxComplete(callback) : Event-Handler für ajaxComplete

Die Methode *ajaxComplete* bindet Event-Handler für das Event *ajaxComplete* an mehrere Elemente. Dem Event-Handler werden drei Parameter übergeben: Der erste ist das Event-Objekt, der zweite das *XMLHttpRequest*-Objekt, und als letzter Parameter wird ein Objekt mit den Parametern der Ajax-Anfrage übergeben.

Im folgenden Beispiel wird eine Callback-Funktion an das Element mit der ID polling gebunden.

```
var onAjaxComplete = function (evt, xhr, opts) {
    $(this).removeClass("ajaxError")
        .text("Anfrage beendet");
}
$("#polling").ajaxComplete(onAjaxComplete);
```

Das Binden des Event-Handlers kann auch mit *bind* erledigt werden.

```
$("#polling").bind("ajaxComplete", onAjaxComplete);
```

ajaxStop(callback): Event-Handler für ajaxStop

Mit dieser Methode wird eine Funktion als Event-Handler für das Event *ajaxStop* an die Elemente eines Selektors gebunden. Der Funktion wird als einziger Parameter das Event-Objekt übergeben.

Hier ein Beispiel für die Verwendung der Methode:

```
var onAjaxStop = function(evt) {
    $(this).fadeOut();
}
$("#polling").ajaxStop(onAjaxStop);
```

Alternativ kann man auch *bind* zum Binden des Events verwenden:

```
$("#polling").bind("ajaxStop", onAjaxStop);
```

Hilfsfunktionen

In diesem Abschnitt werden drei Hilfsfunktionen für die Konfiguration und Vorbereitung der Daten für Ajax-Anfragen beschrieben.

jQuery.ajaxSetup(options): Ajax-Grundeinstellungen setzen

Durch das Ausführen der Methode *ajaxSetup* kann man alle nachfolgenden Ajax-Aufrufe beeinflussen. Als Parameter wird ein Objekt erwartet, dessen Eigenschaften denen des Optionsobjekts der Methode *ajax* entsprechen.

Das nachfolgende Beispiel zeigt den Aufruf der *ajaxSetup*-Methode, in der für alle nachfolgenden Ajax-Anfragen Optionen gesetzt werden.

- Sofern nicht explizit anders angegeben, soll immer die Adresse /ajax/ auf dem Webserver abgefragt werden.
- Sofern nicht anders angegeben, sind alle Ajax-Anfragen vom Typ json.
- Vor dem Abschicken soll die Methode *checkCredentials* ausgeführt werden.
- Bei Fehlern soll die Methode *genericAjaxErrorHandler* ausgeführt werden.

- Benutzername und Passwort werden aus den Elementen mit den IDs username und password geholt und gesetzt.

```
$.ajaxSetup({
    url: "/ajax/",
    dataType: "json",
    beforeSend: checkCredentials,
    error: genericAjaxErrorHandler,
    username: $("#username").val(),
    password: $("#password").val()
});
```

serialize(): Formularelemente serialisieren

Die Methode *serialize* generiert aus Formularelementen eine Zeichenkette, die die Namen und Werte in der URL-Kodierung enthält. Name und Wert eines jeden Elements werden dabei mit dem &-Zeichen verbunden oder durch ein Gleichheitszeichen getrennt.

Die Konvertierung der Zeichenkette wird mit der nativen Methode *encodeURIComponent* durchgeführt. Diese Methode konvertiert alle Zeichen bis auf a-z, A-Z und 0-9 in ihre hexadezimale Entsprechung, geführt von einem Prozentzeichen. Ein Leerzeichen wird damit zu %20, der Buchstabe ä wird zu %E4. Die Zeichensequenz »ä« wird damit zu %20%E4.

```
var urlEncodedString = $("#register")
    .find(":input").serialize();
```

Die Zeichenkette, die so serialisiert wurde, kann zum Beispiel in einer Ajax-POST-Anfrage benutzt werden, um die Daten eines Formulars zu verschicken.

serializeArray(): zu einem Array serialisieren

Die Methode serializeArray arbeitet ähnlich wie die Methode serialize, mit dem Unterschied, dass der Rückgabewert keine URL-kodierte Zeichenkette, sondern eine JSON-Datenstruktur ist. Bei der Datenstruktur handelt es sich um JavaScript-Arrays und -Objekte, sie kann also ohne zusätzliche Plugins nicht direkt zum Verschicken von Daten verwendet werden.

```
var formJson = $("#register").find(":input").serializeArray();
```

KAPITEL 9

Hilfsmittel

In diesem Kapitel werden verschiedene Helfermethoden beschrieben. Allen Methoden ist gemein, dass sie direkt auf dem jQuery-Objekt und nicht auf dem Rückgabewert einer Selektion arbeiten.

Browsereigenschaften

Ein zentrales Problem bei der Entwicklung von Webapplikationen ist die Unterstützung durch die verschiedenen Browser. Da nicht jeder Browserhersteller jeden Vorschlag des W3C implementiert hat, ist das Identifizieren der Browserfähigkeiten ein wichtiges Thema. Die jQuery-Bibliothek befüllt zu diesem Zweck beim Instanziieren eine Liste mit booleschen Werten, indem sie für die wichtigsten Features Tests durchführt, ob der Browser bestimmte Fähigkeiten hat oder nicht.

Bis zur Version 1.3.2 der Bibliothek gibt es das Objekt *browser*, das hier aber nicht weiter erklärt wird, da es als veraltet markiert ist.

jQuery.support: Liste mit den Fähigkeiten des Browsers

boxModel

Diese Eigenschaft hat den Wert true, wenn der Browser Seiten nach dem Box-Modell des W3C darstellt. Liefert zurzeit false bei Internet Explorer 6 und 7, wenn das Dokument im Quirks-Modus dargestellt wird.

cssFloat

Diese Eigenschaft ist auf true gesetzt, wenn man auf die CSS-Eigenschaft *float* über den Parameter *cssFloat* des *style*-Objekts zugreifen kann. Ist im Internet Explorer auf false gesetzt, da man da den Parameter *styleFloat* benutzen muss, um den Wert auszulesen.

hrefNormalized

Diese Eigenschaft enthält den Wert true, wenn der Browser den Wert des *href*-Attributs ungefiltert zurückgibt. Der Internet Explorer normalisiert diesen Wert, deswegen ist bei ihm diese Eigenschaft auf false gesetzt.

htmlSerialize

Ist auf true gesetzt, wenn der Browser den Tag *link* bei der Verwendung des Attributs *innerHTML* korrekt serialisiert. Ist beim Internet Explorer auf false gesetzt.

leadingWhitespace

Diese Eigenschaft ist auf true gesetzt, wenn der Browser führende Leerzeichen vor einem Tag beibehält, wenn *innerHTML* benutzt wird. Ist beim Internet Explorer 6 bis 8 auf false gesetzt.

noCloneEvent

Diese Eigenschaft ist auf true gesetzt, wenn der Browser registrierte Event-Handler beim Klonen eines Elements nicht mitkopiert. Ist beim Internet Explorer false.

objectAll

Diese Eigenschaft ist auf true gesetzt, wenn der Aufruf der Methode *getElementsByTagName("*")* auf einem konkreten Element alle Nachfahren des Elements liefert. Im Internet Explorer 7 und 8 ist diese Eigenschaft auf false gesetzt.

opacity

Diese Eigenschaft ist dann auf `true` gesetzt, wenn der Browser in der Lage ist, die entsprechende CSS-Eigenschaft korrekt zu interpretieren. Im Internet Explorer ist diese Eigenschaft auf `false` gesetzt, weil dort *Alpha Filter* benutzt werden.

scriptEval

Dieser Parameter ist auf `true` gesetzt, wenn dynamisch erzeugtes JavaScript ausgeführt wird, wenn es mittels *appendChild* ins Dokument eingefügt wird. Der Internet Explorer führt generiertes Java-Script nur aus, wenn das JavaScript der Eigenschaft *text* des *Script Node* zugewiesen wird.

```
var head = document.getElementsByTagName('head')[0],
    script = document.createElement('script'),;
if (jQuery.support.scriptEval) {
    script.appendChild(
        document.createTextNode('alert("Nicht IE");')
    );
} else {
    script.text = 'alert("IE");';
}
head.appendChild(data);
```

style

Diese Eigenschaft ist auf `true` gesetzt, wenn man auf *Inline Style-sheets* eines Elements mit der Methode *getAttribute("style")* zugreifen kann. Im Internet Explorer liefert dieser Aufruf ein *Style*-Objekt, dessen Eigenschaft *cssText* den *Inline Style* enthält.

tbody

Diese Eigenschaft ist auf `true` gesetzt, wenn der Browser Tabellen ohne *tbody*-Element zulässt. Der Internet Explorer fügt *tbody*-Elemente automatisch ein, falls diese nicht vorhanden sind.

Hilfsfunktionen

jQuery.contains(container, elem)

Mit der Methode *contains* kann man prüfen, ob sich ein Element unterhalb eines anderen Elements im DOM befindet. Dafür übergibt man der Methode zwei DOM-Elemente als Parameter.

Wenn das zweite DOM-Element sich im Baum befindet, das durch das erste Element als Wurzel gebildet wird, wird true zurückgegeben.

jQuery.each(obj, callback)

Mit der Methode *each* kann man über ein Objekt iterieren. Der Methode werden zwei Parameter übergeben: Der erste ist ein Objekt oder Array, der zweite eine Callback-Funktion. Die Callback-Funktion wird im Kontext der aktuellen Eigenschaft bzw. des aktuellen Array-Elements aufgerufen, man kann darauf also über *this* zugreifen.

Hat das Objekt die Eigenschaft *length*, wird mit einem numerischen Index über das Objekt iteriert. Das ist in der Regel bei Arrays der Fall und wird im zweiten Beispiel verdeutlicht. Ist die Eigenschaft *length* dagegen nicht vorhanden, wird über die benannten Eigenschaften im Objekt iteriert, was im dritten Beispiel verdeutlicht wird.

Beispiel für ein Objekt mit der benannten Eigenschaft *foo*:

```
var myObject = {
    foo: "bar"
}
```

Im nachfolgenden Beispiel wird jedes in *myArray* gespeicherte Wort über eine Meldung ausgegeben.

```
var myArray = ["Hallo", "Welt", "Hello", "World"];
$.each(myArray, function(i) {
    alert(this);
});
```

Im folgenden Beispiel werden alle Eigenschaften eines Objekts in das Element mit der ID debug geschrieben.

```
var myObj = {
    foo: 17,
    bar: 42,
    baz: "Hello World"
}
$.each(myObj, function (i, a) {
    $("#debug").append("<strong>"
      + i + ":</strong><pre>"
      + a + "</pre><br />");
});
```

jQuery.error(message)

Die Methode *error* wirft eine Exception mit der Botschaft, die als Parameter übergeben worden ist. Diese Methode soll vor allem bei der Entwicklung von Plugins helfen.

jQuery.extend(deep, target, obj1, obj..)

Die Methode *extend* erweitert ein Objekt um die Werte eines anderen Objekts. Das ist dann sinnvoll, wenn man zum Beispiel ein Objekt mit Standardwerten mit einem Objekt zusammenführen will, das eine Liste von geänderten Werten enthält.

Der erste Parameter ist optional und gibt an, ob die Objekte rekursiv kopiert werden sollen; der Standardwert ist false, Objekte ohne diesen Parameter oder mit false als Parameter werden also nicht rekursiv kopiert. Wenn zum Beispiel eines der Objekte selbst ein Objekt als Eigenschaft hat, wird dieses mit false als Parameter nur als Referenz und nicht als Kopie gespeichert – eine Änderung im Originalobjekt auf dieser Eigenschaft ändert auch die Eigenschaft im neuen Objekt.

Der zweite Parameter ist das Zielobjekt. Wird insgesamt nur ein Objekt als Parameter übergeben, wird das jQuery-Objekt als Zielobjekt betrachtet und entsprechend erweitert. Dieses Verhalten kann man nutzen, um z. B. jQuery um eigene Funktionen zu erweitern. Mehr dazu finden Sie in Kapitel 10, *Plugins*.

Werden zwei oder mehr Objekte als Parameter übergeben, wird das erste Objekt um die Daten der nachfolgenden Objekte erweitert, und es ist auch dieses Objekt, das zurückgegeben wird.

Das nachfolgende Beispiel zeigt, wie man ein Objekt mit den Daten eines anderen Objekts erweitert.

```
var sourceObj = { first: "Hallo", second: "Welt" };
var targetObj = { second: "World" };
var words = $.extend(firstObj, secondObj);
```

In diesem Beispiel wurde *firstObj* um die Werte aus *secondObj* erweitert. Der Rückgabewert der Funktion wurde der Variable *words* zugewiesen, womit *firstObj* und *words* identisch sind, da nur eine Referenz auf *firstObj* zurückgegeben wurde.

Will man dagegen z. B. ein Objekt mit vorgegebenen Werten und ein *object* mit dynamisch generierten Werten zu einem neuen Objekt vereinen, so braucht man nur ein leeres Objekt als ersten Parameter anzugeben.

```
var defaults = {
    width: 100,
    height: 100,
    easing: "linear"
}, options = { width: 200 };
var config = $.extend({}, defaults, options);
```

Die Variable *config* ist nun ein neues Objekt, das die Werte der Objekte *defaults* und *options* enthält. Auf die Variable *defaults* wurde nur lesend zugegriffen, sie ist also unverändert. Diese Benutzung der Methode *extend* wird häufig bei Plugins angewandt, die konfigurierbar sind.

jQuery.noop()

Der Aufruf der Methode *noop* hat keine Auswirkung. Sie soll vor allem bei der Entwicklung von Plugins als Platzhalter für Event-Handler dienen.

jQuery.proxy(callback, context)

Die Methode *proxy* hilft dabei, eine Callback-Funktion mit einem bestimmten Kontext auszuführen. Der erste Parameter der Funktion ist die Callback-Funktion, der zweite ist das Objekt, in dessen Kontext die Callback-Funktion ausgeführt werden soll.

Das ist besonders dann sinnvoll, wenn man z. B. im Event-Handler mit einem ganz anderen Element arbeiten will als mit dem, auf das der Event-Handler registriert wird.

```
var context = $("#example"),
    handler = function(ev){
        console.log(this);
    };
$(".button").click($.proxy(handler, context));
```

Zu *proxy* gibt es eine weitere Methodensignatur:

jQuery.proxy(object, method)

Bei dieser Signatur wird als erster Parameter ein Objekt übergeben und als zweiter eine Methode des Objekts, das aufgerufen werden soll. Wird ein Aufruf durchgeführt, wird die im zweiten Parameter angegebene Methode mit dem Objekt aus dem ersten Parameter als Kontext aufgerufen.

```
var beispiel = {
    name: "Welt",
    echo: function(){
        console.log(this.name);
    }
};
$(".button").click($.proxy(beispiel, "echo")); // liefert Welt
```

Array-Funktionen

jQuery.grep(array, callback, invert): Array filtern

Die Methode *grep* kann benutzt werden, um aus einem Array ein neues Array zu erstellen; dabei dient die übergebene Callback-Funktion als Filter für die Werte des neuen Arrays. Nur wenn die

Callback-Methode true zurückgibt, wird der Wert, für den die Funktion aufgerufen wurde, zum neuen Array hinzugefügt.

Der Callback-Funktion werden zwei Parameter übergeben: Der erste enthält den Wert des aktuellen Array-Elements, der zweite den Index des aktuellen Durchlaufs.

Im folgenden Beispiel wird die Methode *grep* verwendet, um ein Array aus allen ungeraden Elementen des Quell-Arrays zu erzeugen.

```
var quellArray = ["Hallo", "jQuery", "Welt", "ist", "foo",
                  "toll"];
var newArray = $.grep(quellArray, function (val, index) {
    if (index % 2 == 1) return true;
    return false;
});
```

Das neue Array enthält nun die Werte »jQuery«, »ist« und »toll«.

Im Beispiel wurde der Index des Elements verwendet; die Verwendung des aktuellen Wertes wäre im Beispiel über Zugriff auf den Parameter *val* möglich.

jQuery.makeArray(obj): Array erzeugen

Die Methode *makeArray* verwandelt den übergebenen Wert in ein Array. Diese Methode wird überwiegend intern in jQuery verwendet und dürfte nur selten nützlich werden. Sie wird verwendet, um eine Sammlung von Elementen, wie sie z. B. der Aufruf von document.getElementsByTagName("div") liefert, in ein echtes Array umzuwandeln. Auf eine Sammlung von Elementen lassen sich Array-Methoden wie *reverse* oder *concat* nicht anwenden, deswegen ist diese Umwandlung notwendig.

Wird ein einzelner Wert oder ein einzelnes Objekt übergeben, wird ein Array mit dem Element als Inhalt wiedergegeben.

Das nachfolgende Beispiel soll die Wirkung der Methode *makeArray* verdeutlichen. Dabei wird die Array-Methode *concat* verwendet, um zwei Mengen von Elementen zu vereinen.

```
var divs = document.getElementsById("div");
var paragraphs = document.getElementById("p");
// Der nachfolgende Aufruf wird fehlschlagen,
// da divs kein Array ist.
```

```
var elems = divs.concat(paragraphs);

divs = $.makeArray(divs);
paragraphs = $.makeArray(paragraphs);
// Der nachfolgende Aufruf funktioniert.
var els = divs.concat(paragraphs);
```

jQuery.map(array, callback): Mapping von Werten durchführen

Die Methode *map* führt für jedes Element des übergebenen Arrays
die übergebene Callback-Funktion aus und erzeugt ein neues Array
aus den Rückgabewerten der Callback-Funktion.

Der Callback-Funktion werden zwei Parameter übergeben: Der erste
ist das aktuelle Element des Iterationvorgangs, der zweite der Index
der aktuellen Iteration. Gibt die Callback-Funktion null zurück,
wird kein Wert für diesen Aufruf im neuen Array gespeichert. Gibt
die Funktion ein Array zurück, wird dieses mit dem Rückgabe-
Array verschmolzen, nicht als Array im Rückgabe-Array gespeichert. Alle anderen Rückgabewerte werden als Eintrag im Rückgabe-Array gespeichert.

Im folgenden Beispiel wird aus dem übergebenen Array aus Zeichen
ein Array mit den ASCII-Nummern der Zeichen generiert.

```
var charno = $.map(["a","b","c"],
    function(wert, index) {
    return "Zeichennummer:" + wert.charCodeAt(0);
});
```

jQuery.inArray(value, array): auf Vorkommen in einem Array prüfen

Die Methode *inArray* bekommt die Parameter *value* und *array* übergeben und sucht in dem als zweiter Parameter übergebenen Array
nach Vorkommen des als erster Parameter übergebenen Werts.

Der Rückgabewert der Methode ist der Index des ersten gefundenen Vorkommens des Werts im Array. Da der kleinste Index 0 ist,
liefert die Methode in dem Fall, dass der Wert im Array nicht gefunden wird, -1 zurück.

```
$.inArray("hallo", ["hallo", "welt"]); // liefert 0;
$.inArray("welt", ["hallo", "welt"]); // liefert 1;
$.inArray("falsch", ["hallo","welt"]); // liefert -1;
```

jQuery.merge(first, second): Arrays vereinen

Die Methode *merge* fügt die Werte des zweiten übergebenen Arrays in das erste Array ein. Der Rückgabewert ist eine Referenz auf das erste Array.

```
var merged = $.merge(["jquery", "ist"], ["toll"]);
```

jQuery.unique(array)

Die Methode *unique* entfernt aus einer Menge von DOM-Elementen doppelte Vorkommen. Diese Methode funktioniert nur mit Arrays mit DOM-Elementen und kann z. B. doppelte Vorkommen von Strings nicht erkennen.

Im nachfolgenden Beispiel wird zunächst ein Array mit allen *div*-Elementen der Seite erzeugt, dieses dann mit der *concat*-Methode mit sich selbst zu einem neuen Array vereint und anschließend durch die *unique*-Methode von allen doppelten Elementen befreit. Der Aufruf der *each*-Methode sorgt für die Ausgabe der Größen der Arrays.

```
var divs = $("div").get();
var doppelt = divs.concat(divs);
var unique = $.unique(doppelt);
$.each([divs, doppelt, unique], function(index, el) {
    $("#debug").append("<p>"
        + index + " : "
        + el.length + "</p>");
});
```

Datentypbezogene Methoden

In diesem Abschnitt werden zwei Methoden vorgestellt, die eine Prüfung auf den Datentyp einer Variablen durchführen und jeweils true oder false liefern.

jQuery.isArray(object)

Die Methode *isArray* liefert true, wenn die übergebene Variable ein Array ist.

jQuery.isFunction(object)

Die Methode *isFunction* liefert true, wenn der übergebene Parameter ein Objekt ist.

jQuery.isEmptyObject (object)

Die Methode *isEmptyObject* liefert true, wenn das übergebene Objekt keine eigenen Attribute hat.

jQuery.isWindow(object)

Die Methode *isWindow* liefert true, wenn der angegebene Parameter eine Referenz auf das Objekt window ist.

jQuery.type (object)

Die Methode *type* liefert den Datentyp des übergebenen Parameters.

Wird ein boolescher Wert übergeben, liefert die Methode *boolean*, bei einem numerischen Wert *number*, bei einer Zeichenkette *string*, bei einer Funktion *function*, bei einem Array als Parameter *array*, bei einem Date-Objekt als Parameter *date* und bei einem regulären Ausdruck *regexp*. Alle anderen Datentypen werden auf *object* aufgelöst.

String-Methoden

jQuery.trim(string)

Die Methode *trim* entfernt in der übergebenen Zeichenkette alle Leerzeichen am Anfang und am Ende der Zeichenkette und gibt sie dann zurück.

```
var unsauber = "    hallo welt!    ";
var sauber = $.trim(unsauber); // wird zu "hallo welt!"
```

jQuery.param(object, traditional): Objekte serialisieren

Die Methode *param* serialisiert das übergebene Schlüssel/Wert-Objekt und gibt eine Zeichenkette mit den Werten des übergebenen Objekts zurück. Diese Methode ist der Kern der Methode *jQuery.serialize*.

Ab der jQuery-Version 1.4 wurde die Methode zum Serialisieren von Daten überarbeitet, so dass nun auch Verweise auf andere Objekte berücksichtigt werden und Arrays z. B. in PHP direkt verarbeitet werden können. Dieses Verhalten lässt sich durch Setzen von true als zweitem Parameter auf das alte Verhalten für den Aufruf zurücksetzen.

Die Zeichenkette wird mithilfe der Methode *encodeURIComponent* erzeugt und kann entsprechend direkt für Links oder auch Ajax-Anfragen verwendet werden. Leerzeichen werden statt mit %20 durch ein + angegeben.

Im folgenden Beispiel wird ein Objekt serialisiert.

```
var obj = {
    text: "jQuery ist toll",
    version: "1.3.2"
};
var urlString = $.param(obj);
// wird zu "text=jQuery+ist+toll&version=1.3.2"
```

Um die aus den jQuery-Versionen vor 1.4 bekannte Serialisierung von Parametern zu erzwingen, reicht es aus, den Parameter *jQuery. ajaxSettings.traditional* auf true zu setzen.

jQuery.parseJSON(string)

Die Methode *parseJSON* versucht, die übergebene Zeichenkette als JSON zu verarbeiten. Wenn der Browser eine eigene Methode zum Parsen von JSON mitbringt, wird diese verwendet.

Wird als Parameter kein wohlformatiertes JSON übergeben, ist die Rückgabe der Methode null.

```
var obj = $.parseJSON( json );
if (obj) {
    // json konnte geparst werden.
}
```

KAPITEL 10

Plugins

In diesem Kapitel wird gezeigt, wie man jQuery mit Plugins erweitern kann. Im ersten Abschnitt sehen Sie, wie man selbst Plugins erstellt und was man dabei beachten muss. Im zweiten Abschnitt werden mehrere Plugins vorgestellt, die besonders häufig benutzt bzw. offiziell vom jQuery-Team unterstützt werden.

Grundlagen

Wenn von jQuery-Plugins die Rede ist, ist damit in der Regel eine bestimmte Art und Weise gemeint, in JavaScript Objekte zu erweitern. jQuery-Plugins zeichnen sich dadurch aus, dass sie das jQuery-Objekt um Funktionen oder Methoden erweitern und damit neue Funktionalität bereitstellen. Diese Erweiterungen liegen in der Regel in eigenen JavaScript-Dateien vor und müssen nach der jQuery-Bibliothek geladen werden.

Es gibt vielfältige Arten, auf die jQuery-Plugins die Bibliothek erweitern. Es gibt zum Beispiel Plugins, die die Möglichkeiten der *Selector Engine* erweitern. Es gibt ein Plugin, das neue *Easing-Funktionen* bereitstellt, und auch eines, das Farbanimationen ermöglicht.

Diese und viele weitere Plugins finden Sie unter *http://plugins.jquery. com*, dem Pluginarchiv von jQuery. Die Anzahl der Plugins, die dort aufgelistet sind, ist groß, und somit auch die Wahrscheinlichkeit, dass Sie ein benötigtes Plugin nicht selber schreiben müssen, sondern dort finden.

Funktionen und Methoden

In der Einleitung war die Rede von Funktionen und Methoden. Der Unterschied zwischen Funktionen und Methoden besteht darin, dass Funktionen statisch sind und direkt im jQuery-Objekt gespeichert werden; sie haben keinen besonderen Ausführungskontext. Methoden werden dagegen im *jQuery.fn*-Objekt gespeichert und haben immer die aktuelle Auswahl von Elementen als Ausführungskontext; das heißt, dass sie nur auf dem Ergebnis eines Selektors funktionieren.

Das nachfolgende Beispiel zeigt, wie man jQuery um eine statische Methode erweitert. Die statische Methode *clog* soll eine Textnachricht ausgeben und prüft, welche Möglichkeiten zur Ausgabe sie hat.

```
jQuery.clog = function(str) {
    if(window.console)
        console.log(str);
    else if((logdiv = jQuery("#log")).length > 0)
        logdiv.append("<p>" + str + "</p>");
    else
        alert(str);
};
```

Im obigen Beispiel wurde statt der Abkürzung $ der volle Name der Klasse jQuery benutzt. Das wird empfohlen, weil nicht gewährleistet werden kann, dass die Variable $ immer auf das jQuery-Objekt verweist, da zum Beispiel eine andere Bibliothek diesen Variablennamen benutzen könnte.

Will man dennoch die Variable $ als Verweis auf jQuery verwenden, kann man das durch die Benutzung einer Closure realisieren.

```
(function($){
    $.clog = function(str) {
        if(window.console)
            console.log(str);
        else if((logdiv = $("#log")).length > 0)
            logdiv.append("<p>" + str + "</p>");
        else
            alert(str);
    };
})(jQuery);
```

Will man ein Plugin schreiben, das auf den Elementen der aktuellen Auswahl arbeitet, muss man das *jQuery.fn*-Objekt erweitern.

```
(function($){
    $.fn.bluetext = function() {
        return $(this).each(function() {
            $(this).css("color", "blue");
        });
    };
})(jQuery);
```

Das obige Beispiel zeigt mehrere Empfehlungen des jQuery-Teams dafür, wie man Plugins für die Manipulation von Elementen schreiben soll. Die eigentliche Funktionalität des Plugins steckt in der Callback-Funktion, die der Methode *each* als Parameter übergeben wird. Die Methode *each* wird auf der aktuellen Auswahl von Elementen ausgeführt, und ihr Rückgabewert ist der Rückgabewert des Plugins *bluetext*.

Plugins, die mit Elementen des Selektors arbeiten, sollten immer die Elemente des Selektors zurückgeben, damit Method Chaining betrieben werden kann.

Da im obigen Beispiel die Elemente zurückgegeben werden, ist folgender Aufruf möglich:

```
$("p").bluetext().css("border", "solid 1px silver");
```

Es wäre auch denkbar, dass das Plugin aus der Auswahl von Elementen eine neue Auswahl erstellt und diese zurückgibt.

```
(function($){
    $.fn.myTraverse = function(){
        return $(this).map(function(){
            if ($(this).is(":input")) {
                return $('<span class="label">name='
                    +$(this).attr("name")
                    +'</span>').insertAfter(this);
            }
        });
    };
})(jQuery);
```

Im obigen Beispiel wird die jQuery-Methode *map* verwendet, um jedem Eingabeelement in der aktuellen Auswahl ein *span*-Element mit dem Namen des Eingabeelements anzuhängen. Dadurch, dass die *map*-Methode verwendet und in der Callback-Funktion das neu erstellte HTML-Element zurückgegeben wird, besteht der Rückgabewert des *myTraverse*-Plugins aus den erzeugten *span*-Elementen.

```
$("#myForm").find(":input")
    .myTraverse()
    .addClass("debugLabel");

    // Die Klasse debugLabel wird den
    // neu erzeugten span-Elementen zugewiesen.
```

jQuery erweitern mit .extend

Neben der Möglichkeit, dem jQuery-Objekt ein Plugin direkt zuzuordnen, kann man auch die Methode *extend* verwenden, um das jQuery-Objekt zu erweitern.

```
(function($){
    $.extend({
        clog: function(str) {
            if (window.console)
                console.log(str);
            else
                alert(str);
        },
        cdebug: function(obj){
            if(window.console)
                console.debug(obj);
            else
                alert(obj + ":" + typeof(obj));
        }
    });
})(jQuery);
```

In diesem Beispiel wird jQuery um die zwei statischen Methoden *clog* und *cdebug* erweitert.

Auch das *jQuery.fn*-Objekt kann mit der *extend*-Methode erweitert werden.

```
(function($){
    $.fn.extend({
        bluetext: function(){
            return $(this).each(function() {
                $(this).css("color","blue");
            });
        },
            myTraverse: function(){
            return $(this).map(function(){
                if ($(this).is(":input")) {
                    return $('<span class="label">name='
                        +$(this).attr("name")
                        +'</span>')
                        .insertAfter(this).get(0);
                }
            });
        }
    });
})(jQuery);
```

Eine weitere Empfehlung des jQuery-Teams ist das Verwenden der *extend*-Methode für das Arbeiten mit Standardoptionen. Es wird empfohlen, Plugins nach Möglichkeit so wenige Optionen wie möglich zu übergeben.

Um flexibel bleiben zu können und dennoch den Aufwand bei der Optionsabfrage gering zu halten, empfiehlt es sich, ein Objekt mit sinnvollen Standardwerten im Plugin zu erstellen und es dann um die vom Benutzer übergebenen Werte zu erweitern.

```
(function($){
    $.fn.extend({
        myPlugin: function(options) {
            var settings = {
                color: "blue",
                width: "100px"
            };
            // Falls kein Objekt übergeben wird, nimm an,
            // dass es der Wert für width ist.
            if (typeof(options) != "object"
                    && options != undefined)
                options = { width: parseInt(options) };
```

```
        var conf = $.extend({}, settings, options);

        return $(this).each(function(){
            $(this).css("color", conf.color);
            $(this).width(parseInt(conf.width));
        });
    }
});
})(jQuery);
```

Im obigen Beispiel wird im Plugin das Objekt *settings* definiert, das die Standardwerte für das Plugin enthält. Werden nun keine Parameter übergeben, arbeitet das Plugin mit den Standardwerten, da diese durch den Aufruf von $.extend({}, settings, options) nicht überschrieben werden, weil *options* nicht definiert ist.

Wird als Parameter für das Plugin kein Objekt übergeben, wird angenommen, dass die Eigenschaft *width* gesetzt werden soll. Es wird ein neues Optionsobjekt erzeugt, das dann den voreingestellten Wert im *settings*-Objekt überschreibt.

Ein weiterer Aspekt bei diesem Beispiel ist, dass alle Variablen, die für die Ausführung des Plugins notwendig sind, im Kontext des Plugins definiert werden und damit im globalen Namensraum nicht sichtbar sind. Auch das ist eine Empfehlung des jQuery-Teams und sollte für Hilfsfunktionen genauso gelten.

Beliebte Plugins

Im Folgenden werden einige Plugins bzw. Pluginsammlungen vorgestellt.

jQuery UI

jQuery UI ist nicht einfach ein Plugin, sondern eher eine Bibliothek von Plugins, die jQuery um sogenannte »Widgets« erweitert. jQuery UI ist ein Projekt, das offiziell vom jQuery-Team unterstützt wird und unter *http://www.jqueryui.com* zu finden ist.

Als *Widgets* werden Steuerelemente grafischer Benutzeroberflächen bezeichnet. So ist eine Meldung, die mit der *alert*-Methode ausgelöst wird, ein Widget. Tabs, die moderne Browser zum Anzeigen mehrerer Dokumente benutzen, werden auch als Widgets bezeichnet.

jQuery UI bildet solche Komponenten mit JavaScript und HTML nach. Im Folgenden werden einige besonders häufig verwendete Widgets vorgestellt.

Tabs – Karteikarten

Mit dem *tabs*-Widget können Sie den Inhalt Ihrer Seite so strukturieren, dass logisch eigenständige Einheiten entstehen. Im Screenshot oben wird der Block *Nunc tincidunt* angezeigt. Der Inhalt der Tabs ist dabei beliebig und könnte genauso Teilformulare, Bilder etc. enthalten.

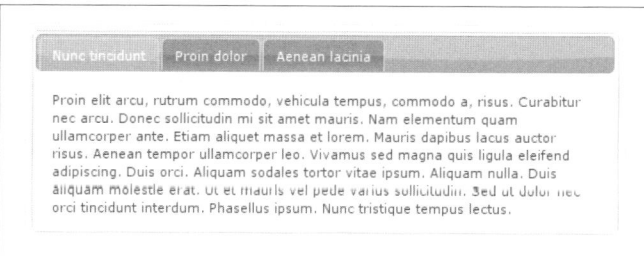

Abbildung 10-1:   Das tabs-Widget

Das *tab*-Widget ist als Plugin realisiert und kann entsprechend mit

```
$("#tabbedContent").tabs();
```

benutzt werden.

Datepicker – Auswahl eines Datums in einem Kalenderblatt

Das *datepicker*-Widget wird auf Eingabefelder angewendet und öffnet ein Kalenderblatt, wie es im Screenshot gezeigt wird, so dass der Benutzer das Datum per Mausklick auswählen kann.

Abbildung 10-2: Das datepicker-Plugin

Dialog – modale Dialogfenster

Das *dialog*-Widget erzeugt Dialogfenster, die auf Wunsch *modal* sind. Das heißt, dass nur das Dialogfenster auf Eingaben reagiert. Auch hier kann der Inhalt beliebig gesetzt werden. Denkbar wäre ein Anmeldeformular innerhalb eines Dialogfensters oder ein Dialogfenster als Warnhinweis mit eigens dafür formatiertem Text.

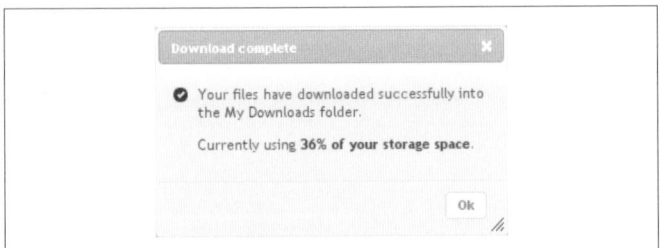

Abbildung 10-3: Ein modales Dialogfenster

Neben diesen und anderen nützlichen Widgets gehören zur jQuery UI-Bibliothek weitere Hilfsmethoden für diverse Animationen und Methoden, mit denen Benutzer Elemente mit der Maus vergrößern und verkleinern, verschieben und sortieren können.

Validation-Plugin von Jörn Zaefferer

Mit dem *Validation*-Plugin von Jörn Zaefferer kann man relativ leicht Formulare vor dem Abschicken validieren. Das Plugin bietet dafür eine große Menge von Prüfungsmöglichkeiten, mit denen die Benutzereingaben überprüft werden können.

Im September 2009 hat Microsoft das Validation-Plugin neben der jQuery-Bibliothek in das eigene Content Delivery Network mit aufgenommen, weil dieses Plugin in *ASP.NET Web Forms* und *ASP. NET MVC* verwendet wird und bei *Visual Studio 2010* mitgeliefert wird.

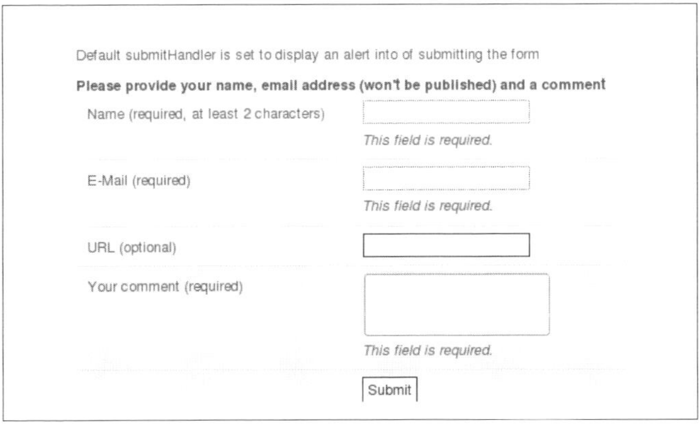

Abbildung 10-4: Das Validation-Plugin

Um das Plugin zu benutzen, reicht es aus, Eingabeelementen bestimmte Klassen zuzuweisen und anschließend auf das Formular die *validate*-Methode auszuführen.

```
<input type="text" name="email" class="required email" />
<input type="password" name="pass" class="required"
minlength="5" />
```

Wird das Plugin auf die obigen Eingabeelemente angewandt, kann das Formular erst dann abgeschickt werden, wenn im Feld *email* eine E-Mail-Adresse eingetragen ist und das Passwort aus mindestens fünf Zeichen besteht.

Die Validierungsmöglichkeiten für Formulare sind vielfältig, weshalb die Lektüre der Dokumentation auf der Homepage des Plugins empfehlenswert ist.

Die Homepage des Plugins finden Sie unter *http://bassistance.de/jquery-plugins/jquery-plugin-validation/*.

blockUI von Mike Alsup

Ein weiteres interessantes Plugin ist das *blockUI* von Mike Alsup. Es simuliert synchrones Ajax, indem es alle Eingaben abfängt, die vom Benutzer durchgeführt werden, und verhindert, dass z. B. neue Ajax-Anfragen losgeschickt werden. Das Plugin legt dafür über die gesamte Webseite eine transparente Schicht, die mit beliebigem Inhalt gefüllt werden kann. Somit *simuliert* es synchrones Ajax nur, erzeugt aber keine echte Synchronizität in Bezug auf Ajax-Anfragen.

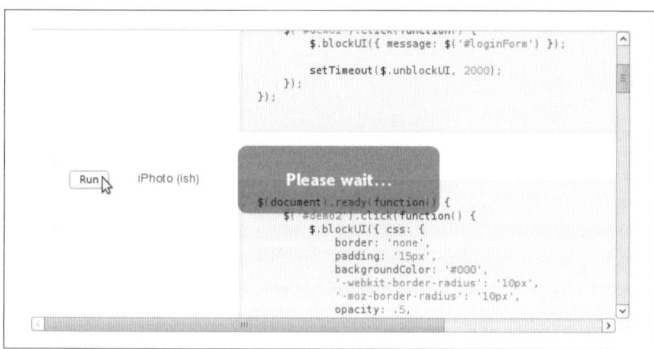

Abbildung 10-5: Das blockUI-Plugin

Das Plugin und die Dokumentation dazu sind unter *http://malsup.com/jquery/block/* zu finden.

Index